Impressum
Verlag: BABADADA GmbH, Nedderfeld 112 , 22529 Hamburg
Geschäftsführer / Verlagsleitung: Harald Hof
Druck: Books on Demand GmbH, In de Tarpen 42, 22848 Norderstedt

Imprint
Publisher: BABADADA GmbH, Nedderfeld 112 , 22529 Hamburg, Germany
Managing Director / Publishing direction: Harald Hof
Print: Books on Demand GmbH, In de Tarpen 42, 22848 Norderstedt

σχολείο

اسکول

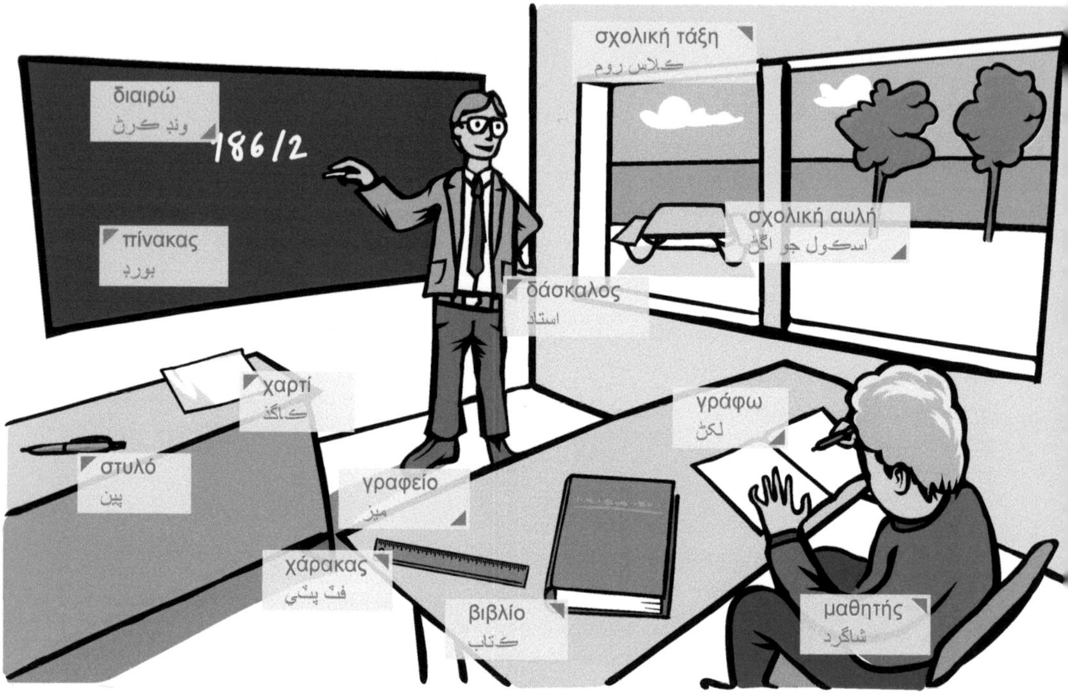

σχολική τάξη
کلاس روم
διαιρώ
ونډ کړئ
186/2
πίνακας
بورډ
σχολική αυλή
اسکول جو اګئ
δάσκαλος
استاد
χαρτί
کاغذ
γράφω
لکئ
στυλό
پین
γραφείο
میز
χάρακας
فټ پټۍ
βιβλίο
کتاب
μαθητής
شاګرد

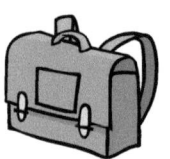

σχολική τσάντα

بستو

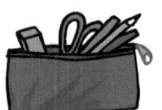

κασετίνα/ μολυβοθήκη

پینسل باکس

μολύβι

پینسل

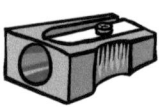

ξύστρα

پینسل شارپنر

γόμα

ربړ

μπλοκ ζωγραφικής

درائنګ پیډ

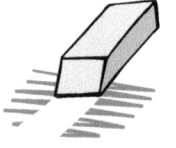

ζωγραφική

برائنگ

πινέλο

پینٹ برش

κουτί χρωμάτων

پینٹ باکس

ψαλίδι

قینچي

κόλλα

کنونر

τετράδιο ασκήσεων

مشق کرڻ واري کاپي

εργασία για το σπίτι

هوم ورک

αριθμός

عدد

προσθέτω

جوڙ کرڻ

αφαιρώ

کٽ کرڻ

πολλαπλασιάζω

ضرب کرڻ

υπολογίζω

حساب کرڻ

γράμμα

خط

αλφάβητο

الفابيٽ

λέξη

لفظ

κείμενο

مضمون

διαβάζω

پڑھنا

κιμωλία

چاک

μάθημα

سبق

εγγράφομαι

رجسٹر

τεστ

امتحان

πιστοποιητικό

سرٹیفیکیٹ

μαθητική στολή

اسکول یونیفارم

εκπαίδευση

تعلیم

εγκυκλοπαίδεια

انسائیکلوپیڈیا

πανεπιστήμιο

یونیورسٹی

μικροσκόπιο

خوردبینی

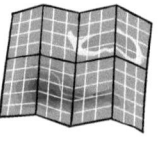

χάρτης

نقشو

καλάθι αχρήστων

ردي جي ٹوکري

ξενοδοχείο
هوتل

ξενώνας
هاستل

ROOMS

ανταλλακτήρια συναλλάγματος
رقم تبدیل کرائے چی آفیس

ΕΧCHANGE

βαλίτσα
سوٹ کیس

αυτοκίνητο
کار

γλώσσα

بولي

ναι / όχι

ها يا نه

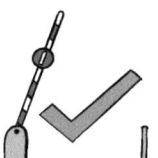

εντάξει

صحیح آهي

γεια σου

هيلو

μεταφραστής

مترجم

Ευχαριστώ

مهرباني

πόσο κάνει ;

هن جي قيمت گهٽي آهي.....؟

Δε καταλαβαίνω

مون كي سمجھ ۾ نٿو اچي

πρόβλημα

مسئلو

Καλησπέρα!

گڊ ايوننگ

Καλημέρα!

صبح بخير

Καληνύχτα!

شب خير

Αντίο

الوداع

κατεύθυνση

طرف

αποσκευές

سفري سامان

τσάντα

بيگ

σακίδιο πλάτης

پويان بڌن وارو بيگ

καλεσμένος

مهمان

δωμάτιο

ڪمرو

υπνόσακος

بسترَ وارو بيگ

σκηνή

خيمو

τουριστικές πληροφορίες

سياحت بايت معلومات

παραλία

سمندّ كنارو

πιστωτική κάρτα

كريتّد كارد

πρωινό

ناشتو

μεσημεριανό

لنچ

δείπνο

ڈنر

εισιτήριο

ٹکٹ

ανελκυστήρας

لفٹ

γραμματόσημο

مہر

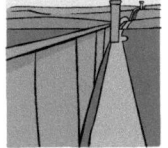

σύνορα

سرحد

τελωνείο

گاهك

πρεσβεία

سفارتخانو

βίζα

ویزا

διαβατήριο

پاسپورٹ

μεταφορά
آمد و رفت

αεροπλάνο
هوائي جهاز
πλοίο
سمنبري جهاز
πυροσβεστικό όχημα
باھ واسائڻ واري گاڏي
λεωφορείο
بس
φορτηγό
ٽرڪ
χανοκίνητο σκάφος
موٽر بو
ποδήλατο
سائيڪل
αυτοκίνητο
ڪار

φεριμπότ

فيري

βάρκα

بيڙي

μοτοσικλέτα

موٽر سائيڪل

περιπολικό

پوليس ڪآر

αγωνιστικό αυτοκίνητο

ريسنگ ڪار

ενοικιαζόμενο αυτοκίνητο

رينٽل ڪار

διαμοιρασμός αυτοκινήτων

چشنیرنگ کار

γερανός

چکڈ وارو ٹرک

απορριμματοφόρο

کچري واري ٹرک

κινητήρας

کار

καύσιμο

فیول

βενζινάδικο

پیٹرول اسٹیشن

πινακίδα σήμανσης

ٹریفک جا نشان

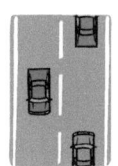

κυκλοφορία

ٹریفک

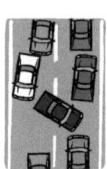

κυκλοφοριακή συμφόρηση

ٹریفک جام

χώρος στάθμευσης

کار پارک

σιδηροδρομικός σταθμός

ٹرین اسٹیشن

σιδηροδρομικές γραμμές

پٹڙیون

τρένο

ٹرین

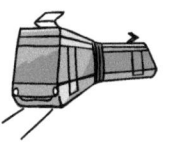

τραμ

ٹرام

βαγόνι

ویگن

ελικόπτερο

ہیلی کاپٹر

αεροδρόμιο

ایئرپورٹ

πύργος

ٹاور

επιβάτης

مسافر

εμπορευματοκιβώτιο

کنٹینر

χαρτοκιβώτιο

ڈبو

καρότσι

ریڑھی

καλάθι

ٹوکري

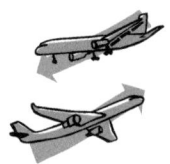

απογειώνομαι /
προσγειώνομαι

اڑڻ / زمين تي لهڻ

πόλη

شهر

χωριό

ڳوٺ

κέντρο της πόλης

شهر جو مرکز

σπίτι

گهر

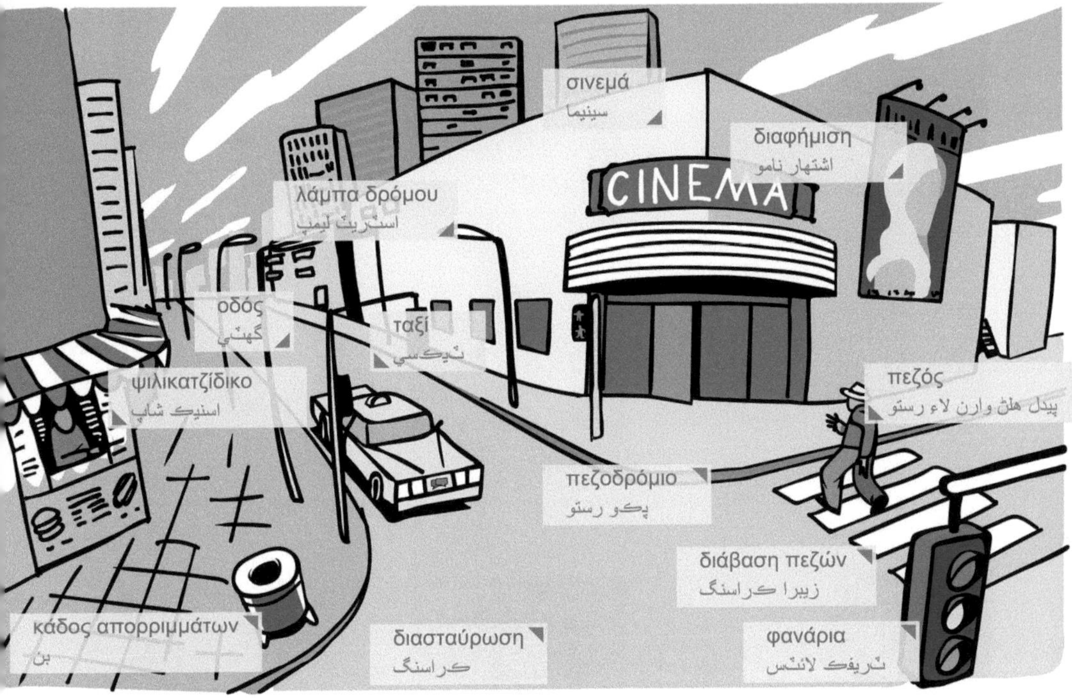
σινεμά
سينيما
διαφήμιση
اشتهار نامو
λάμπα δρόμου
اسٽريٽ ليمپ
οδός
گهٽي
ταξί
ٽيڪسي
ψιλικατζίδικο
اسنيڪ شاپ
πεζός
پيدل هلڻ وارن لاءِ رستو
πεζοδρόμιο
پڪو رستو
διάβαση πεζών
زيبرا ڪراسنگ
κάδος απορριμμάτων
بن
διασταύρωση
ڪراسنگ
φανάρια
ٽريفڪ لائٽس

καλύβα

جهوپڙي

διαμέρισμα

فليٽ

σιδηροδρομικός σταθμός

ٽرين اسٽيشن

δημαρχείο

ٽائون هال

MUSEUM

μουσείο

عجائب گهر

σχολείο

اسڪول

πανεπιστήμιο

يونيورسٽي

τράπεζα

بينڪ

νοσοκομείο

اسپتال

ξενοδοχείο

هوٽل

φαρμακείο

فارميسي

γραφείο

آفس

βιβλιοπωλείο

ڪتابن جي ڪتاب

κατάστημα

دڪان

ανθοπωλείο

گلن جي دڪان

σούπερ μάρκετ

سپر مارڪيٽ

αγορά

مارڪيٽ

πολυκατάστημα

ڊپارٽمينٽ اسٽور

ιχθυοπωλείο

مڇي جي دڪان

εμπορικό κέντρο

شاپنگ سينٽر

λιμάνι

بندرگاه

πάρκο

پارک

παγκάκι

بینچ

γέφυρα

پل

σκάλες

ڈاکنہ

μετρό

زیر زمین میٹرو

τούνελ

سرنگ

στάση λεωφορείου

بس اسٹاپ

μπαρ

شراب خانو

εστιατόριο

روسٹورینٹ

γραμματοκιβώτιο

پوسٹ باکس

πινακίδα δρόμου

اسٹریٹ سائن

παρκόμετρο

پارکنگ میٹر

ζωολογικός κήπος

چڑیا گھر

πισίνα

سونمنگ پول

τζαμί

مسجد

αγρόκτημα

فارم

ρύπανση

آلودگی

νεκροταφείο

قبرستان

εκκλησία

چرچ

παιδική χαρά

راند جو ميدان

ναός

مندر

ΤΟΠΊΟ

زميني منظر

φύλλο
پتو

πινακίδα κατεύθυνσης
ساين بورڊ

δρόμος
رستو

λιβάδι
ساوک واري زمين

πέτρα
پٿر

δέντρο
وڻ

πεζοπόρος
پيادل هلڻ وارو هائيڪر

ποτάμι
درياء

χορτάρι
چھ

λουλούδι
گل

κοιλάδα

وادي

λόφος

جبل

λίμνη

ڈینڈ

δάσος

گل

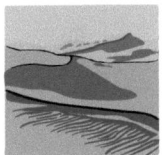

έρημος

ریگستان

ηφαίστειο

آتش فشان

κάστρο

قلعو

ουράνιο τόξο

اندلٹ

μανιτάρι

كنيي

φοίνικας

كهجي جو وڻ

κουνούπι

مچر

μύγα

مک

μυρμήγκι

كِيولي

μέλισσα

ماكي جي مک

αράχνη

مكڙِي

σκαθάρι

ٹٽندب

βάτραχος

ڈيڏڙ

σκίουρος

نورينڙو

σκαντζόχοιρος

چاهو

λαγός

خرگوش

κουκουβάγια

چڙو

πουλί

پکي

κύκνος

بدک

αγριογούρουνο

سوئر

ελάφι

هرڻ

άλκη

أمريكي هرڻ جو قسم

φράγμα

ڊيم

ανεμογεννήτρια

هوا سان هلڻ وارو ٽربائين

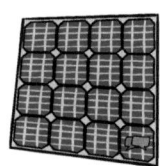

ηλιακός συλλέκτης

سولر پينل

κλίμα

آب و هوا

σερβιτόρος
ويٹر

κατάλογος
کاٹي جي فهرست

καρέκλα
کرسي

σούπα
سوپ

πίτσα
پيزا

μαχαιροπίρουνα
چهري کانٹا

τραπεζομάντιλο
ٹيبل جو کپڑو

ορεκτικό

اسٹارٹر

κύριο πιάτο

مين کورس

επιδόρπιο

کاٹي کانپوء کانٹ وارو منو

ποτά

مشروب

φαγητό

خوراک

μπουκάλι

بوتل

φαστ φουντ

فاسٹ فوڈ

φαγητό στ' όρθιο

اسٹریٹ فوڈ

τσαγιέρα

کیٹلي

δοχείο ζάχαρης

شگر باؤل

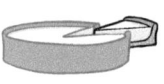

μερίδα

ٹکڑو

μηχανή εσπρέσο

ایسپریسو مشین

ψηλή καρέκλα

اونچي کرسي

λογαριασμός

بل

δίσκος

ٹري

μαχαίρι

چھري

πιρούνι

کانٹو

κουτάλι

چمچ

κουταλάκι του τσαγιού

چانهن جو چمچو

πετσέτα φαγητού

سرويٹ

ποτήρι

گلاس

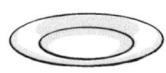

πιάτο

پليٹ

πιάτο σούπας

سوپ پليٹ

πιατάκι φλιτζανιού

ساسر

σάλτσα

چٹنی

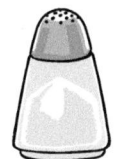

αλατιέρα

لوڻ داني

μύλος για πιπέρι

مرچ پيسڻ وارو

ξύδι

سركو

λάδι

کاڏو پچائڻ وارو تيل

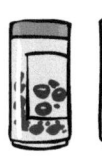

μπαχαρικά

مصالحو

κέτσαπ

کيچ اپ

μουστάρδα

سرنهن

μαγιονέζα

مايونيز

εστιατόριο - روسٽورينٽ

19

σούπερ μάρκετ

سپر مارڪيٽ

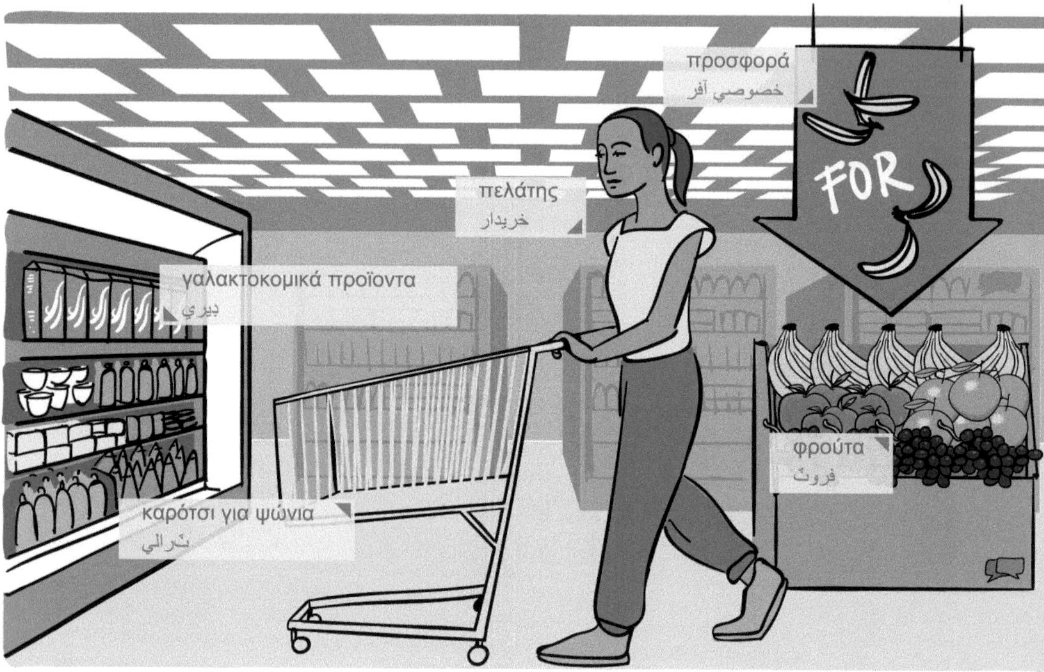

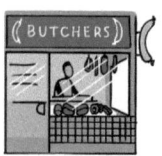

προσφορά
خصوصي آفر
FOR
πελάτης
خريدار
γαλακτοκομικά προϊόντα
ڊيري
φρούτα
فروٽ
καρότσι για ψώνια
ٽرالي

BUTCHERS

κρεοπωλείο

گوشت جي دڪان

BAKERY

φούρνος

بيڪري

ζυγίζω

وزن ڪرڻ

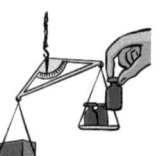

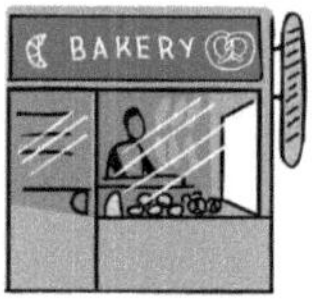

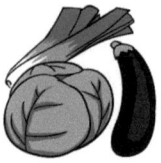

λαχανικά

سبزيون

κρέας

گوشت

κατεψυγμένα τρόφιμα

ڄميل کاڌو

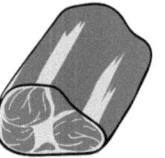

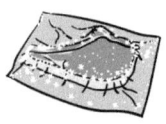

αλλαντικά

سرد گوشت

κονσερβοποιημένη τροφή

ڈبی ۾ بند کاڈو

απορρυπαντικό ρούχων

واشنگ پاؤڈر

γλυκά

مٺائي

οικιακά είδη

گھريلو سامان

καθαριστικά προϊόντα

صفائي کرڻ وارا پراڊڪٽس

πωλήτρια

سيلز پرسن

ταμείο

ڪيش رجسٽر

ταμίας

خزانچي

λίστα για ψώνια

خريداري جي فھرست

ωράριο λειτουργίας

اوقات ڪار

πορτοφόλι

پرس

πιστωτική κάρτα

ڪريڊٽ ڪارڊ

τσάντα

بيگ

πλαστική σακούλα

پلاسٽڪ بيگ

ποτά

مشروب

νερό

پاڻي

χυμός

جوس

γάλα

کیر

κόκα κόλα

کوک

κρασί

وائن

μπίρα

بیئر

αλκοόλ

الکوھل

κακάο

کوکو

τσάι

چائي

καφές

کافي

εσπρέσο

أيسپريسو

καπουτσίνο

کپيو چينو

μπανάνα

كيلو

μήλο

صوف

πορτοκάλι

مالٹو

πεπόνι

خربوذو

λεμόνι

ليمون

καρότο

گجر

σκόρδο

ثوم

μπαμπού

بانس

κρεμμύδι

بصر

μανιτάρι

کنبي

ξηροί καρποί

اخروٹ، بادام

νουντλς

نودلز

μακαρόνια

اسپيگٽي

ρύζι

چانور

σαλάτα

سلاد

πατατάκια

چپس

τηγανητές πατάτες

تريل پٽاٽا

πίτσα

پيزا

χάμπουργκερ

هيم برگر

σάντουιτς

سينڊوچ

κοτολέτα

گوشت جو ٽڪرو

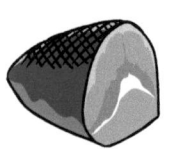

ζαμπόν

سور جي ران جو گوشت

σαλάμι

خشڪ گوشت

λουκάνικο

ساسيج

κοτόπουλο

مرغي

ψητό

روسٽ

ψάρι

مڇي

φαγητό - خوراک

χυλός βρώμης

جوَ جو دلیا

μούσλι

میوزلی

κορν φλέικς

كارن فلیكس

αλεύρι

انّو

κρουασάν

كروَسنٹ

ψωμάκι

بریڈ رول

ψωμί

بریڈ

τοστ

ٹوَسٹ

μπισκότα

بسكٹ

βούτυρο

مكّھن

τυρόπηγμα

دہی

κέικ

كیك

αυγό

انڈا

τηγανητό αυγό

فرائی ٹیل انڈو

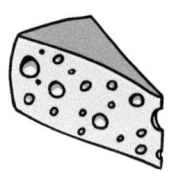

τυρί

پنیر

παγωτό

آئس کریم

ζάχαρη

کنڈ

μέλι

ماکي

μαρμελάδα

مربو

άλλειμμα σοκολάτας

چاکلیٹ اسپریڈ

κάρυ

پاجي

αγρόσπιτο
فارم ہائوس

αχυρώνας
گدام

δεμάτι άχυρου
پلال جوگنڈ

χωράφι
زمین

αλόγο
گھوڑو

ρυμουλκούμενο
ٹریلر

πουλάρι
گھوڑي جو ٻچو

τρακτέρ
ٹریکٹر

γάιδαρος
گڏھ

αρνί
رڍ جو ٻچو

πρόβατο
رڍ

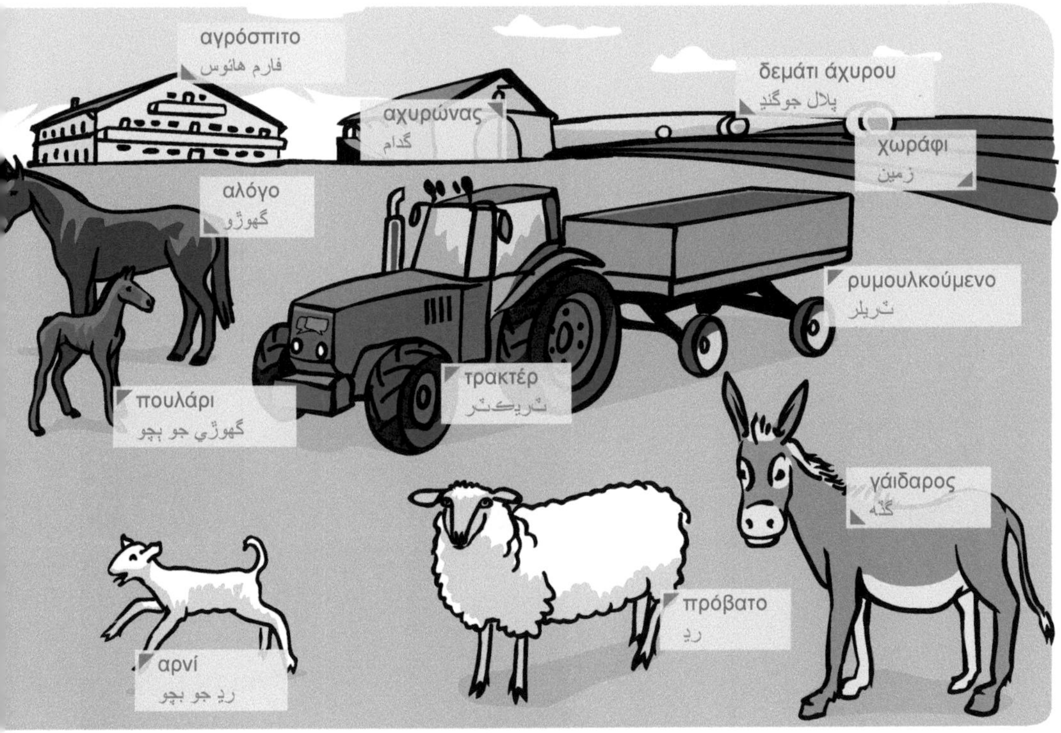

κατσίκα

ٻڪري

αγελάδα

ڳئون

μοσχαράκι

ڳائو

γουρούνι

سُور

γουρουνάκι

سُور جو ٻچو

ταύρος

ڏاڳو

χήνα

هنس

πάπια

بدك

κοτοπουλάκι

چوزا

κότα

مرغي

κόκορας

مرغو

αρουραίος

كونو

γάτα

بلي

ποντίκι

كونو

βόδι

ڏاند

σκύλος

كتو

σπιτάκι σκύλου

كتي جو گهر

λάστιχο κήπου

گاردن هوز

ποτιστήρι

پاڻي جو كين

θεριστήρι

ڏاٽو

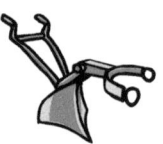

αλέτρι

هر

δρεπάνι

ڏاتو

τσάπα

رنبو

δίκρανο

ڏانداري

τσεκούρι

ڪهاڙو

χειράμαξα

هٿ سان هلائڻ واري ريڙهي

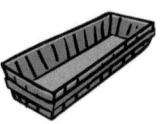

ταΐστρα

حوض

δοχείο γάλακτος

کير جو ڊبو

σάκος

ڳوٿ

φράχτης

لوڙهو

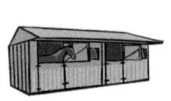

στάβλος

اصطبل

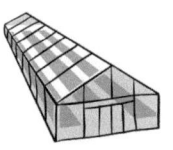

θερμοκήπιο

گرين هائوس

έδαφος

مٽي

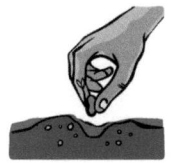

σπόρος

ٻج

λίπασμα

کھاد

θεριζοαλωνιστική μηχανή

ڪمبائنڊ هارويسٽر

θερίζω

فصل ڪٽڻ

συγκομιδή

فصل ڪٽڻ

γιαμς

هڪ قسم جي ترڪاري

σιτάρι

ڪڻڪ

σόγια

سويا

πατάτα

پٽاٽو

καλαμπόκι

مڪائي

κράμβη

توري جو ٻج

οπωροφόρο δέντρο

ميون جو وڻ

μανιόκα

ڪساوا

δημητριακά

اناج

αγρόκτημα - فارم

σπίτι
گھر

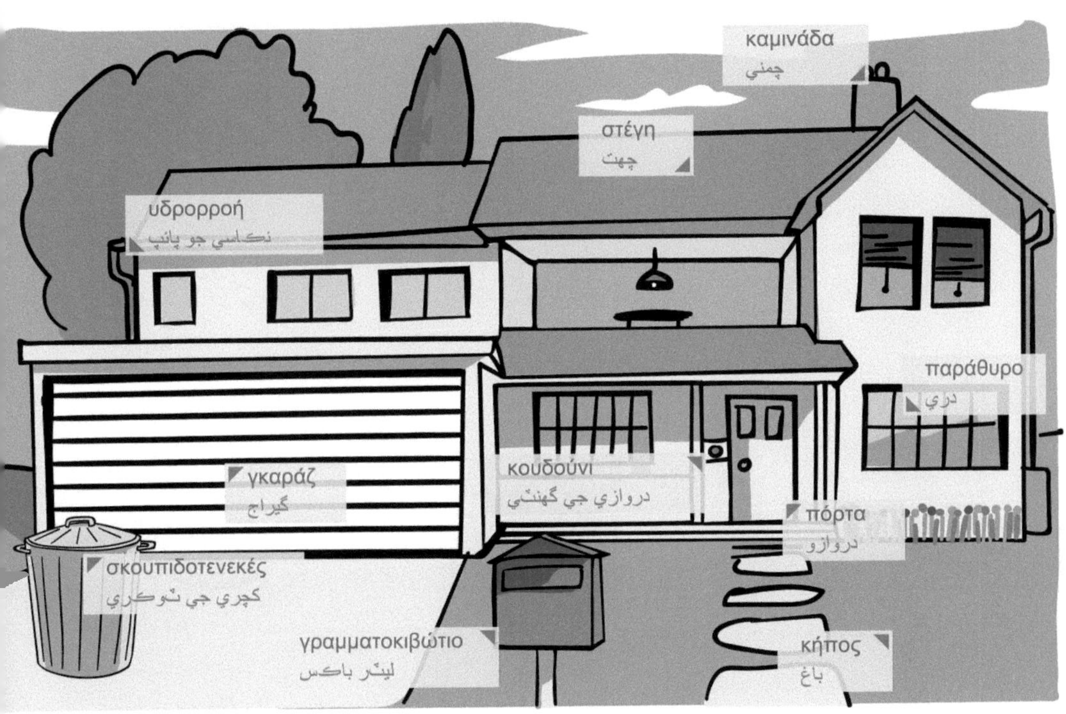

καμινάδα
چمني
στέγη
ڇت
υδρορροή
نڪاسي جو پائپ
παράθυρο
دري
γκαράζ
گيراج
κουδούνι
دروازي جي گھنٽي
πόρτα
دروازو
σκουπιδοτενεκές
ڪچري جي ٽوڪري
γραμματοκιβώτιο
ليٽر باڪس
κήπος
باغ

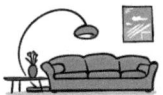

σαλόνι

لوونگ روم

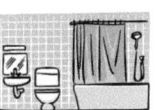

μπάνιο

غسل خانو

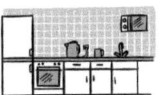

κουζίνα

باورچي خانو

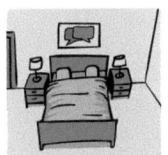

υπνοδωμάτιο

بيڊروم

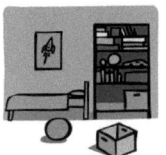

παιδικό δωμάτιο

ٻارن جو ڪمرو

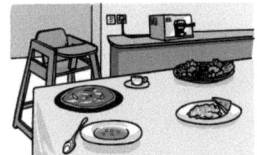

τραπεζαρία

ڊائننگ روم

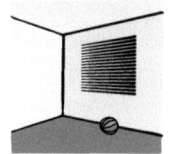

πάτωμα

فرش

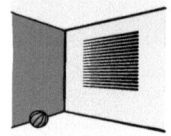

τοίχος

دیوار

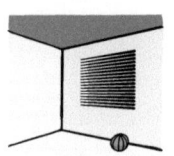

οροφή

چھت

κελάρι

تهخانو

σάουνα

بۆ وارو غسل

μπαλκόνι

بالكوني

βεράντα

سّيرس

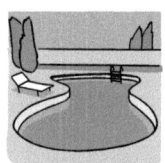

πισίνα

تالاؤ

μηχανή του γκαζόν

گاه کټل واري مشين

σεντόνι

چادر

κάλυμμα κρεβατιού

چادر

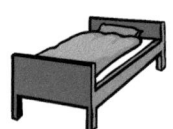

κρεβάτι

بيډ

σκούπα

جهاړو

κουβάς

بالټي

διακόπτης

سوونچ

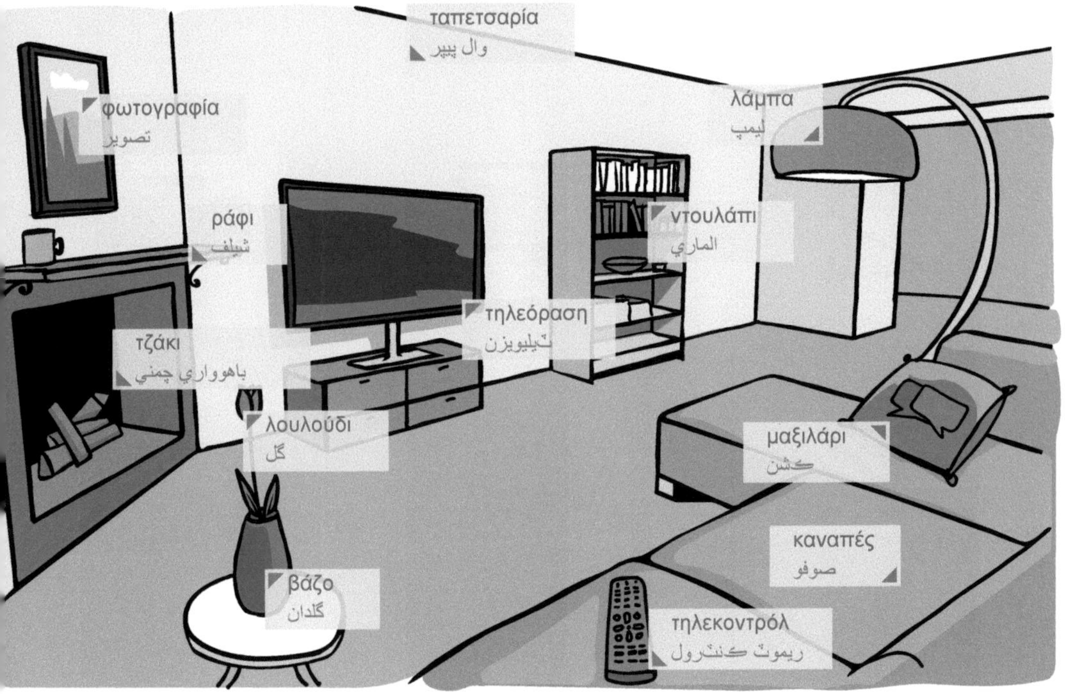

ταπετσαρία
وال پیپر

φωτογραφία
تصویر

λάμπα
لیمپ

ράφι
شیلف

ντουλάπι
الماري

τζάκι
باهواري چمنی

τηλεόραση
ٹیلیویزن

λουλούδι
گل

μαξιλάρι
کشن

καναπές
صوفو

βάζο
گلدان

τηλεκοντρόλ
ریموٹ کنٹرول

χαλί

قالين

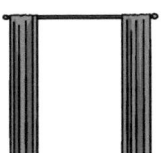

κουρτίνα

پردو

τραπέζι

میز

καρέκλα

کرسي

κουνιστή πολυθρόνα

لۀٹ واري کرسي

πολυθρόνα

آرام کرسي

βιβλίο

كتاب

κουβέρτα

كمبل

διακόσμηση

أرائش

καυσόξυλα

بارٹ واريون كانيون

ταινία

فلم

στερεοφωνικό σύστημα

هائي فاني

κλειδί

چابي

εφημερίδα

اخبار

πίνακας ζωγραφικής

پينتنگ

αφίσα

پوسٹر

ραδιόφωνο

ريڊيو

σημειωματάριο

نوٹ بک

ηλεκτρική σκούπα

ويكيوم كلينر

κάκτος

ٿوهر جو ٻوٽو

κερί

ميڻ بتي

κουζίνα
باورچي خانو

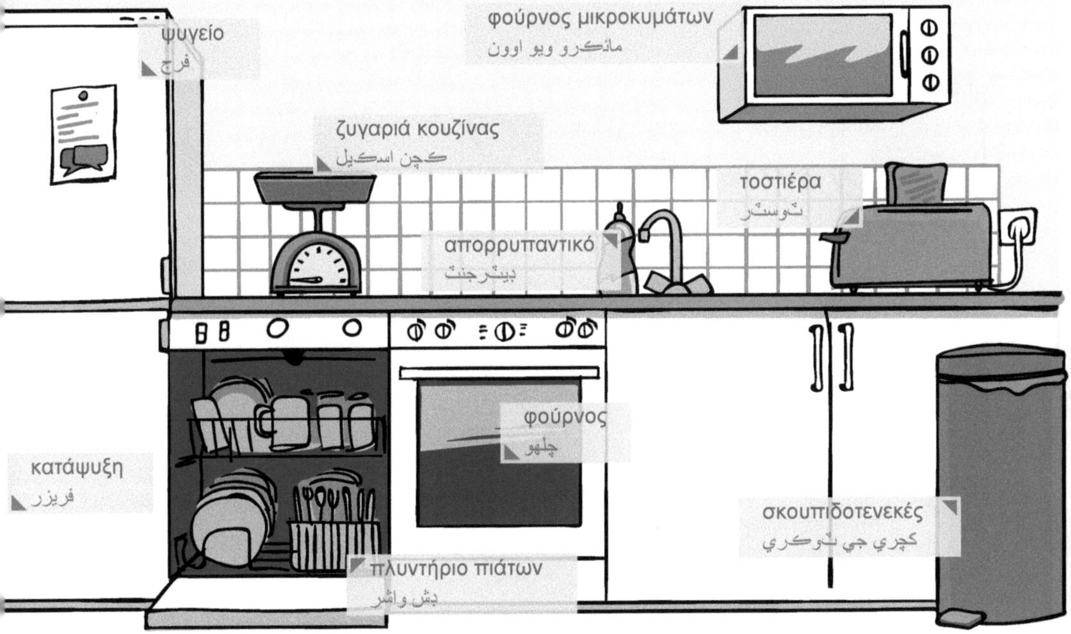
ψυγείο
فرج
φούρνος μικροκυμάτων
مائڪرو ويو اوون
ζυγαριά κουζίνας
ڪچن اسڪيل
τοστιέρα
ٽوسٽر
απορρυπαντικό
ڊيٽرجنٽ
φούρνος
چلهو
κατάψυξη
فريزر
σκουπιδοτενεκές
ڪچري جي ٽوڪري
πλυντήριο πιάτων
ڊش واشر

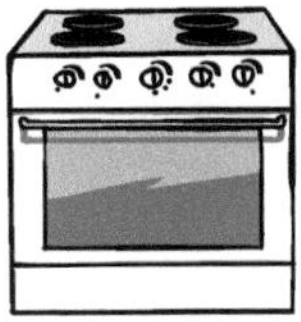

κουζίνα

ڪُڪر

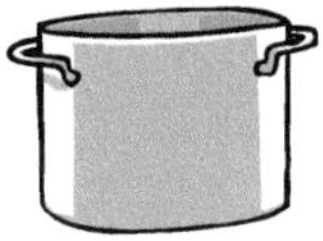

κατσαρόλα

ٿانوَ

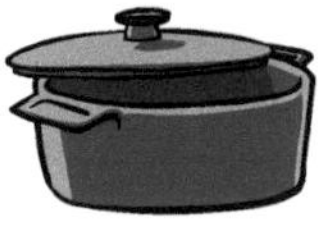

μαντεμένια κατσαρόλα

ڪاسٽ آئرن جا ٿانو

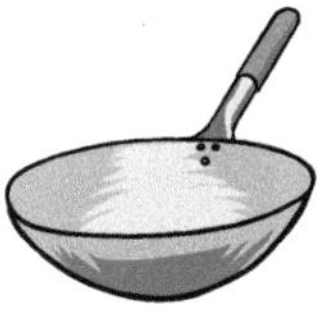

γουόκ/καντάι

ڪڙهائي

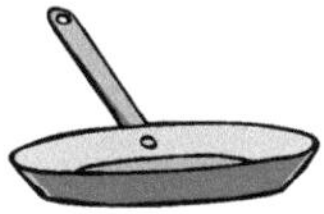

τηγάνι

ترڙ وارو ٿانو

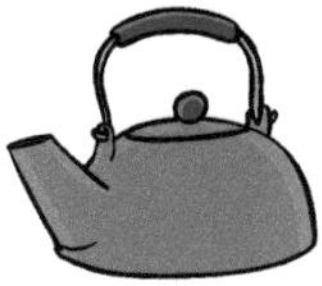

βραστήρας

ڪيٽلي

ατμομάγειρας

اسٹیمر

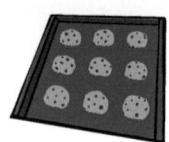

ταψί

بیکنگ ٹری

πιατικά

کراکری

κούπα

مگ

μπολ

پیالو

ξυλάκια

چاپ اسٹکس

κουτάλα

ڈونی

σπάτουλα

پلٹی

ανακατεύω

سبزی مکسر

σουρωτήρι

چھاٹی

σουρωτηράκι

چھاٹی

τρίφτης

کدو کش وارو اوزار

γουδί

اکری

ψησταριά

بار بی کیو

ανοιχτή φωτιά

کلیل باھ

σανίδα κοπής

سبزي كٹنْ وارو بورڊ

πλάστης

ويلڻ

ανοιχτήρι φελλών

كارك اسكريو

κονσέρβα

كين

ανοιχτήρι κονσέρβας

كين اوپنر

γάντι φούρνου

ٿانوَ پكڙڻ وارو كپڙو

νεροχύτης

سنڪ

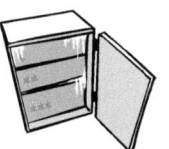

βούρτσα

برش

σφουγγάρι

اسفنج

μπλέντερ

بلينبر

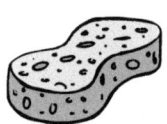

καταψύκτης

ڊيپ فريزر

μπιμπερό

بار جي بوتل

βρύση

نل

μπάνιο
غسل خانو

ντους
شاور
θέρμανση
هيٹنگ
πετσέτα
ٹوال
κουρτίνα ντουζ
شاور کرٹين
αφρόλουτρο
ببل باٿ
μπανιέρα
باٿ ٹب
ποτήρι
گلاس
πλυντήριο ρούχων
واشنگ مشين
βρύση
نل
πλακάκια
ٹائلز
γιογιό
پاٹي
νεροχύτης
سنک

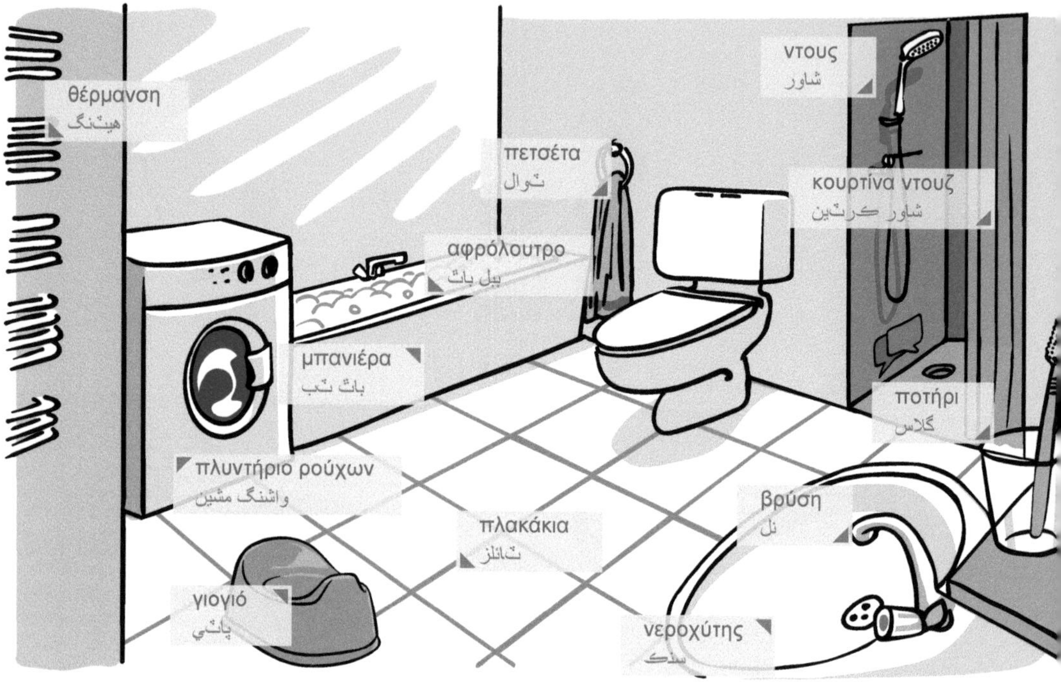

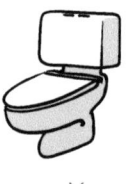

τουαλέτα

ٹائلٹ

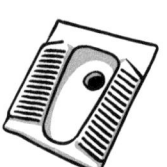

τούρκικη τουαλέτα

اوکڑو ويهڻ وارو ٽوائلٽ

μπιντές

شرم گاه ڌوئڻ وارو ٽب

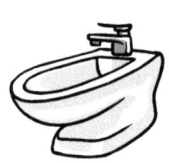

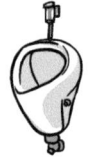

ουρητήριο

پيشاب گاه

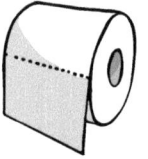

χαρτί υγείας

ٹائلٹ پيپر

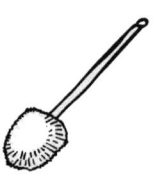

πιγκάλ

ٹائلٹ برش

οδοντόβουρτσα

ٹُوتھ برش

οδοντόκρεμα

ٹُوتھ پیسٹ

οδοντικό νήμα

ڈینٹل فلاس

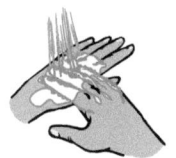

πλένω

دُھونا

τηλέφωνο ντους

ہینڈ شاور

ντουσιέρα

شاور

λεκάνη

بیک برش

βούρτσα πλάτης

بیک برش

σαπούνι

صابن

αφρόλουτρο

شاور جیل

σαμπουάν

شیمپو

φανέλα

فلالین

σιφόνι

ڈرین

κρέμα

کریم

αποσμητικό

ڈیوڈورنٹ

καθρέφτης

آئينو

καθρέφτης χειρός

هَٹھ م پکڑڑن وارو آئينو

ξυραφάκι

ريزر

αφρός ξυρίσματος

شيونگ فوم

αφτερσέιβ

آفٹر شيو

χτένα

ڦنِي

βούρτσα

برش

σεσουάρ

هيئر برائير

λακ

هيئر اسپري

μακιγιάζ

ميک اپ

κραγιόν

سرخي

βερνίκι νυχιών

نيل وارنش

βαμβάκι

ڮپه

ψαλίδι νυχιών

نيل سيزر

άρωμα

پرفيوم

νεσεσέρ

واش بیگ

σκαμπό

اسٹول

ζυγαριά

وزن کرٹ واري مشین

μπουρνούζι

باتھ روب

ελαστικά γάντια

ربڑ جا دستانا

ταμπόν

ٹیمپون

πετσέτα υγιεινής

صفائي وارو ٹاول

χημική τουαλέτα

کیمیائي ٹوائلٹ

παιδικό δωμάτιο

ٻارن جو ڪمرو

ξυπνητήρι
الارم ڪلاڪ
λούτρινο ζωάκι
ڪبلي ٽوائي
αυτοκινητάκι
رانديڪي واري ڪار
κουδουνίστρα
جهنجهڻو
κουκλόσπιτο
گڏي جو گهر
δώρο
گفٽ

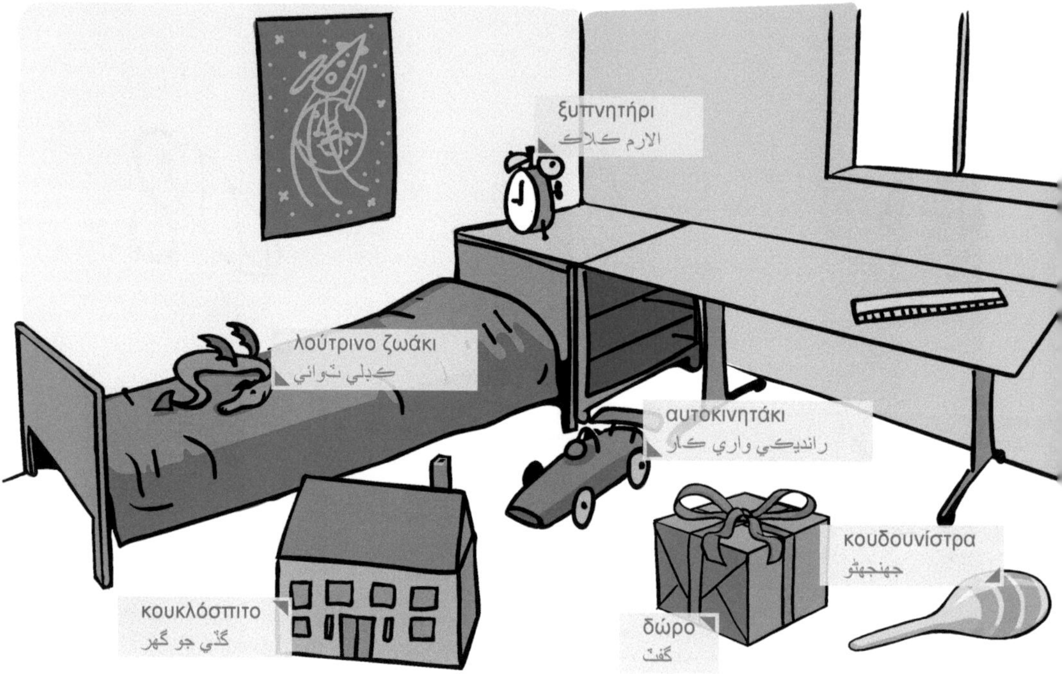

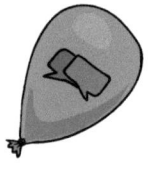

μπαλόνι

ڦوڪڻو

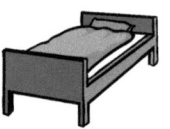

κρεβάτι

بيڊ

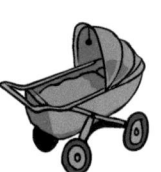

καροτσάκι

ٻار جي گاڏي

τράπουλα

ڊيڪ آف ڪارڊز

παζλ

جگسا

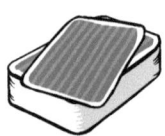

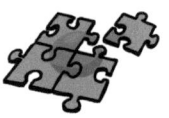

κόμικς

ڪامڪ

τουβλάκια lego

ليگوبرگس

τουβλάκια κατασκευών

رانديكن وارا بلاكس

φιγούρα δράσης

ايكشن فگر

βρεφικό φορμάκι

بيبي گرو

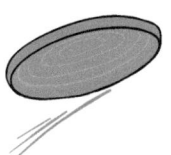

φρίσμπι

فرسبي

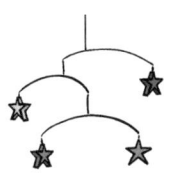

μόμπιλο

رانديكي واري موبانل

επιτραπέζιο παιχνίδι

بورد گيم

ζάρια

چهڪو

σετ τρενάκι

ماڊل ٽڱين سيٽ

πιπίλα

بارن جي چوسڻ واري نپل

πάρτι

پارٽي

εικονογραφημένο βιβλίο

تصوير واري ڪتاب

μπάλα

بال

κούκλα

گڏي

παίζω

کيڏڻ

σκάμμα με άμμο

سینڈ پٹ

κούνια

جهولا

παιχνίδια

رانديکا

κονσόλα βιντεοπαιχνιδιών

وڊيو گيم کنسول

τρίκυκλο

تِن قُيتَن واري سائيکل

αρκουδάκι

تيبي بينر

ντουλάπα

کپڑن جي الماري

ρούχα

لباس

κάλτσες

جرابا

καλτσοδέτες

اسٹاکنگز

καλσόν

ٹائيٹس

κασκόλ
اسڪارف

ομπρέλα
چٽي

μπλουζάκι
ٽي شرٽ

ζώνη
بيلٽ

μπότες
بوٽ

αθλητικά παπούτσια
جاگر شوز

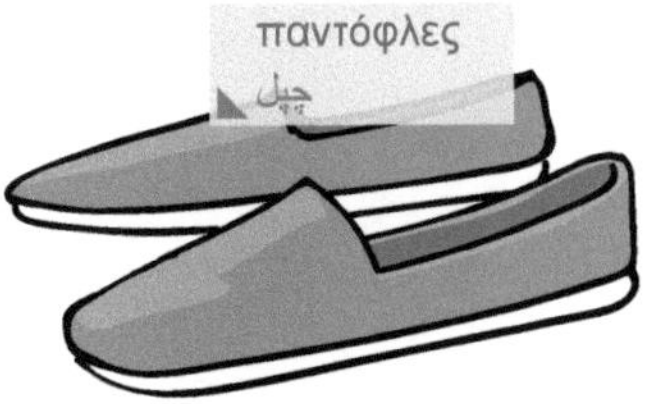
παντόφλες
چپل

σανδάλια

سينڊل

παπούτσια

جوتا

γαλότσες

ربڙ جا بوٽ

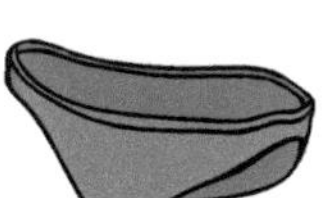

εσώρουχο

انڊرپينٽس

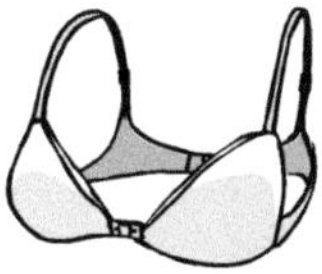

σουτιέν

بريزر

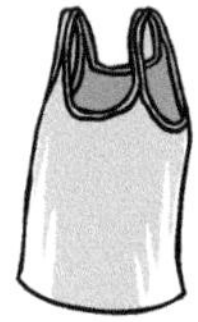

φανέλα

واسڪٽ

σώμα

جسم

παντελόνι

پتلون

τζιν παντελόνι

جینز پینٹ

φούστα

اسکرٹ

μπλούζα

چولو

πουκάμισο

قمیض

πουλόβερ

جرسي

πουλόβερ

ہوڈی

σακάκι

بلیزر

μπουφάν

جیکٹ

παλτό

کوٹ

αδιάβροχο πανωφόρι

بارش م پائڻ وارو کوٹ

κοστούμι

پوشاک

φόρεμα

لباس

νυφικό

شادي جولباس

κοστούμι

سوٹ

νυχτικό

نائٹ گاؤن

πιτζάμες

پاجامو

σάρι

ساڑي

μαντήλι

مٿي تي بڌل وارو اسڪارف

τουρμπάνι

پڳڙي

μπούρκα

برقعو

καφτάνι

ڪفتان

μουσουλμανικό ένδυμα

عبايو

ολόσωμο μαγιό

تيراڪي جو لباس

ανδρικό μαγιό

چڍي

σορτς

نيڪر

αθλητική φόρμα

ٽريڪ سوٽ

ποδιά

ايپرن

γάντια

دستانا

κουμπί

بٹن

γυαλιά

چشمو

βραχιόλι

بریسلیٹ

περιδέραιο

ہار

δαχτυλίδι

منٹبی

σκουλαρίκι

والیون

καπέλο

ٹوپی

κρεμάστρα

کوٹ ہینگر

καπέλο

ٹوپی

γραβάτα

ٹائی

φερμουάρ

زپ

κράνος

ہیلمٹ

τιράντες

بریسز

μαθητική στολή

اسکول یونیفارم

στολή

وردی

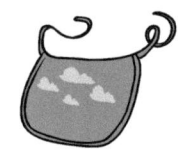

σαλιάρα

بارن لاء ڳلي ۾ ٻڌڻ وارو ڪپڙو

πιπίλα

ٻارن جي چوسڻ واري نپل

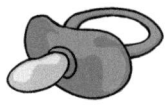

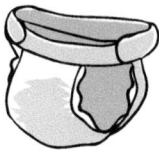

πάνα

ڪڇو

γραφείο

آفس

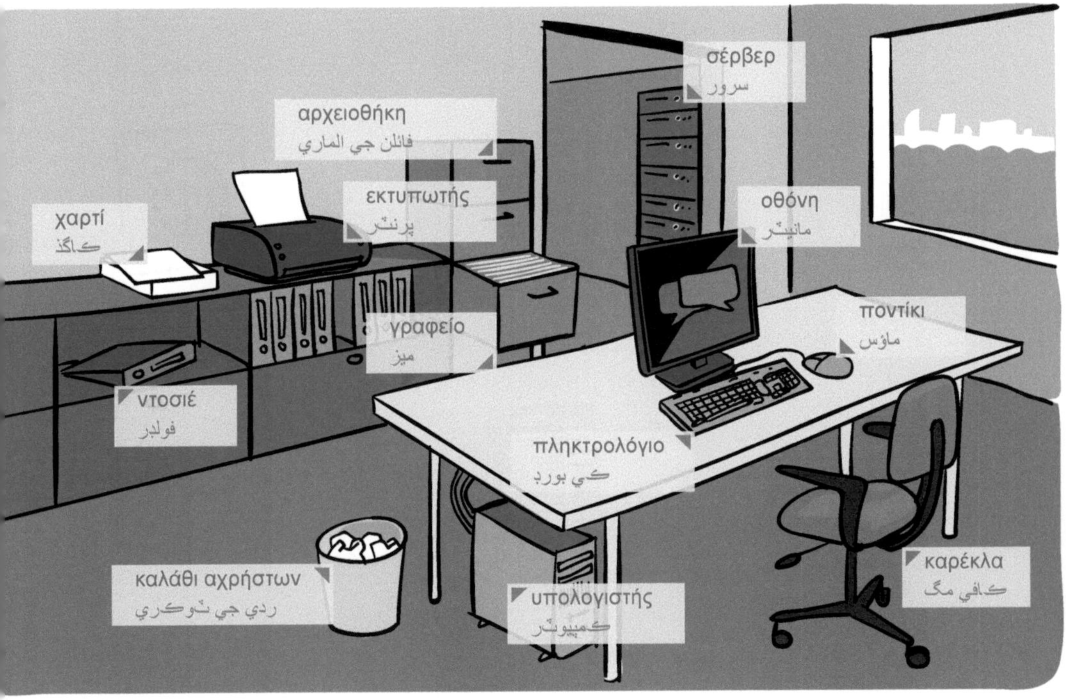

σέρβερ
سرور
αρχειοθήκη
فائلن جي الماري
εκτυπωτής
پرنٽر
χαρτί
ڪاغذ
οθόνη
مانيٽر
ποντίκι
ماؤس
γραφείο
ميز
ντοσιέ
فولڊر
πληκτρολόγιο
ڪي بورڊ
καλάθι αχρήστων
ردي جي ٽوڪري
υπολογιστής
ڪمپيوٽر
καρέκλα
ڪافي مگ

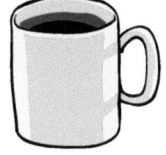

κούπα του καφέ

ڪافي مگ

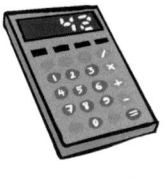

κομπιουτεράκι

ڪيلڪيوليٽر

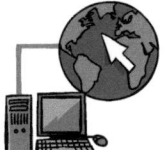

ίντερνετ

انٽرنيٽ

λάπτοπ

لیپ ٹاپ

γράμμα

خط

μήνυμα

پیغام

κινητό

موبائل

δίκτυο

نیٹ ورک

φωτοτυπικό μηχάνημα

فوٹو کاپی کرنْ واري مشین

λογισμικό

سافْٹ ویئر

τηλέφωνο

ٹیلی فون

πρίζα

پلگ ساکٹ

συσκευή φαξ

فیکس مشین

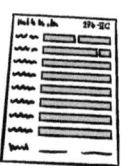

έντυπο

فارم

έγγραφο

دستاویز

αγοράζω

خرید کرنا

πληρώνω

ادا کرنا

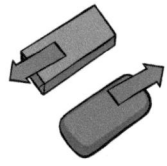

συναλλάσσομαι

صاف کرنا

χρήματα

پیسا

δολάριο

ڈالر

ευρώ

یورو

γιεν

ین

ρούβλι

روبل

ελβετικό φράγκο

سوئس فرانک

ρενμίνμπι γιουάν

رینمینبی یوآن

ρουπία

روپیو

ATM (αυτόματη ταμειακή μηχανή)

کیش پوائنٹ

ανταλλακτήρια
συναλλάγματος

رقم تبديل كرائٹ جي آفيس

χρυσός

سون

ασήμι

چاندي

πετρέλαιο

خام تيل

ενέργεια

توانائي

τιμή

قيمت

συμβόλαιο

معاهدو

φόρος

ٹيكس

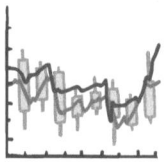

μετοχή

ذخيرو

δουλεύω

كم كرڻ

υπάλληλος

ملازم

εργοδότης

آجر

εργοστάσιο

فيڪٽري

κατάστημα

دڪان

αστυνόμος
پولیس افیسر

πυροσβέστης
فائر مین

μάγειρας
باورچی

γιατρός
ڈاکٹر

πιλότος
پائلٹ

κηπουρός

مالی

ξυλουργός

وائو

μοδίστρα

درزن

δικαστής

جج

χημικός

کیمیسٹ

ηθοποιός

اداکار

οδηγός λεωφορείου

بس ڊرائيور

ταξιτζής

ٽيڪسي ڊرائيور

ψαράς

مڇي مارڻ وارو

καθαρίστρια

صفائي ڪرڻ واري ماڻهو

τεχνίτης στεγών

ڇهت ٺاهڻ وارو

σερβιτόρος

ويٽر

κυνηγός

شڪاري

ζωγράφος

رنگ ساز

αρτοποιός

نانوائي

ηλεκτρολόγος

اليڪٽريشن

οικοδόμος

بلڊر

μηχανολόγος

انجنيئر

κρεοπώλης

ڪاسائي

υδραυλικός

پلمبر

ταχυδρόμος

پوسٽ مين

επαγγέλματα - پيشو

στρατιώτης

سپاہی

αρχιτέκτονας

آرکیٹیکٹ

ταμίας

خزانچی

ανθοπώλης

گل کپائں وارو

κομμωτής

نائی

ελεγκτής εισιτηρίων

کنڈیکٹر

μηχανικός

مکینک

καπετάνιος

کپتان

οδοντίατρος

ڈینٹسٹ

επιστήμονας

سائنسدان

ραβίνος

یهودي عالم

ιμάμης

امام

μοναχός

راهب

ιερέας

پادري

επαγγέλματα - پیشو

55

εργαλεία

اوزار

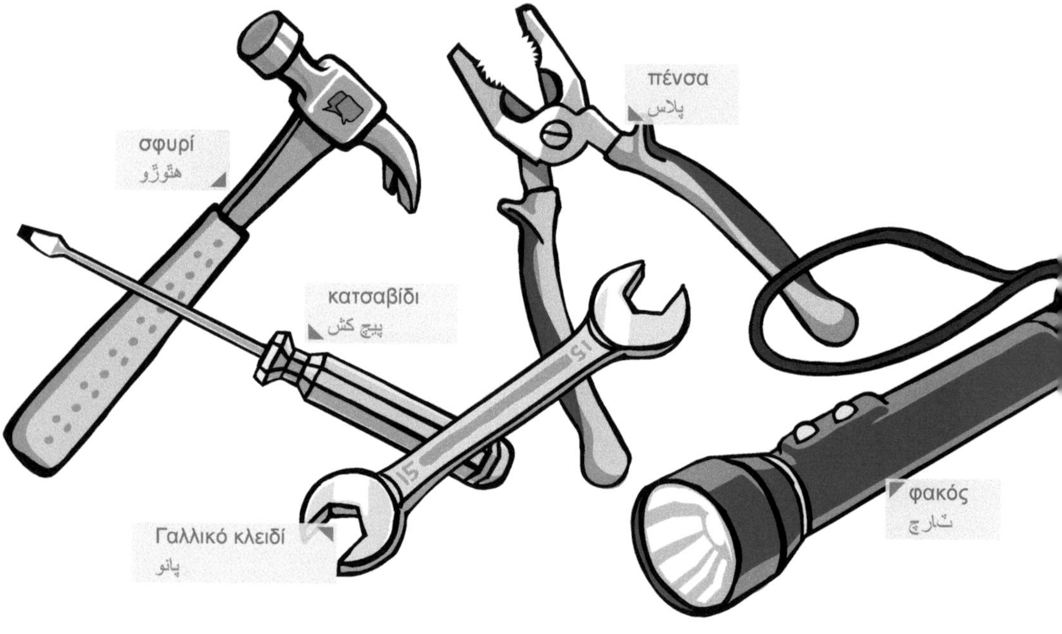

σφυρί
هٿوڙو
πένσα
پلاس
κατσαβίδι
پيچ ڪش
Γαλλικό κλειδί
پانو
φακός
ٽارچ

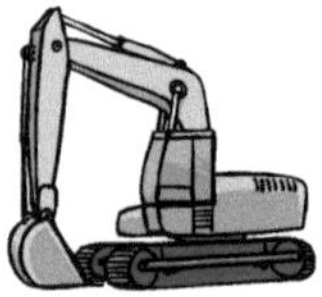

εκσκαφέας

ايڪسڪويٽر

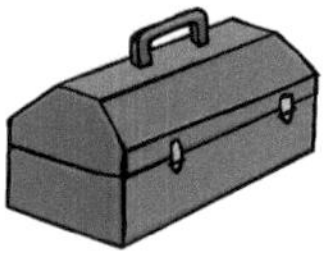

εργαλειοθήκη

ٽول باڪس

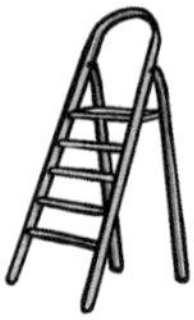

σκάλα

ڏاڪڻ

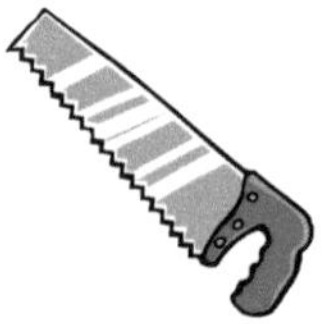

πριόνι

آري

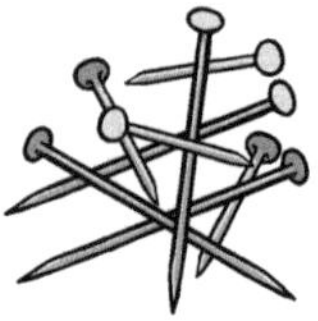

καρφιά

ڪوڪو

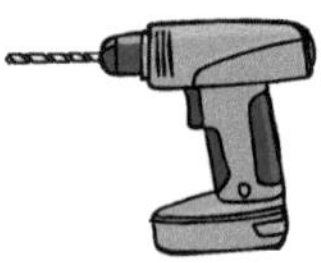

τρυπάνι

ڊرل

επισκευάζω

مرمت كرڻ

φτυάρι

بيلچو

Να πάρει!

لعنت هجي!

φαράσι

كچري دان

δοχείο χρωμάτων

پينٽ وارو ڊٻو

βίδες

پيچ

μουσικά όργανα
موسيقي جا اوزار

ντραμς
ڊٻل باس

μεγάφωνο
لائوڊ اسپيڪر

κιθάρα
گٽار

τρομπέτα
توتاري

κοντραμπάσο
ڊٻل باس

πιάνο

پیانو

βιολί

وائلن

μπάσο

گٹار

τύμπανα

ٹمپانی

τύμπανο

درم

πλήκτρα

کي بورڈ

σαξόφωνο

سیکسوفون

φλάουτο

بانسری

μικρόφωνο

مائیکروفون

ζωολογικός κήπος

چڙيا گھر

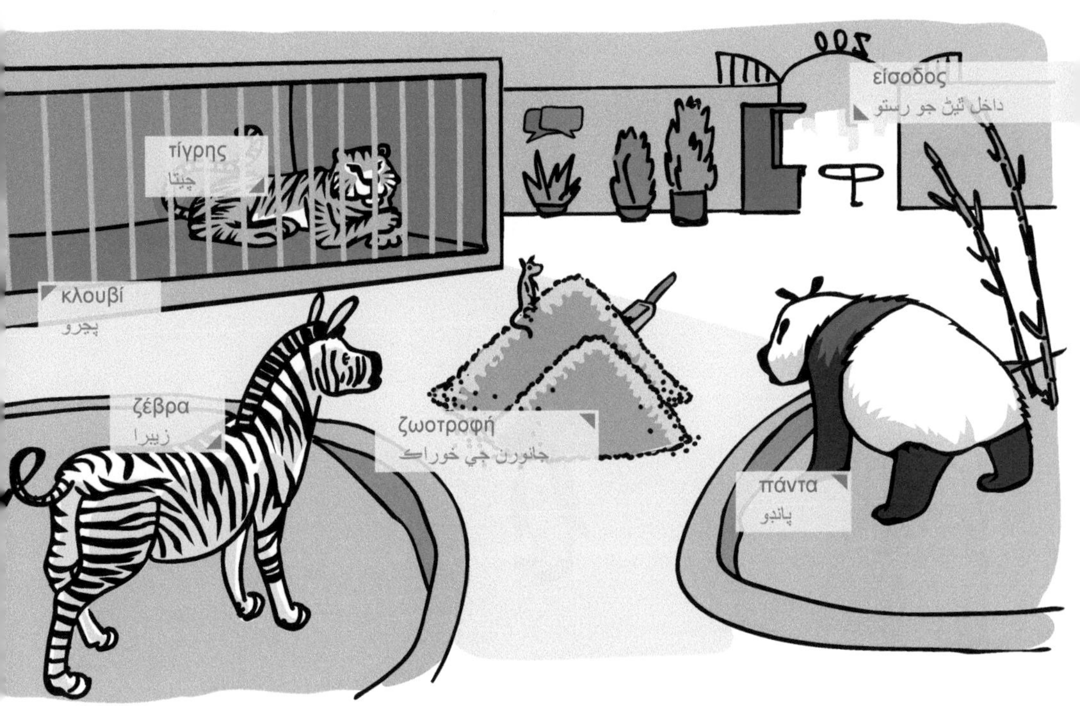
είσοδος
داخل ٿيڻ جو رستو
τίγρης
چيتا
κλουβί
پڃرو
ζέβρα
زيبرا
ζωοτροφή
جانورن جي خوراڪ
πάντα
پانڊو

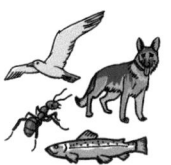

ζώα

جانور

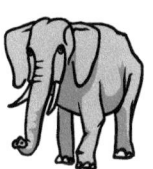

ελέφαντας

هاٿي

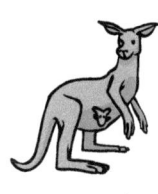

καγκουρό

ڪينگرو

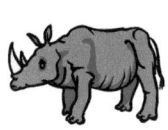

ρινόκερος

گينڊو

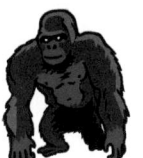

γορίλας

گوريلو

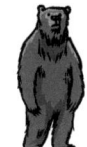

αρκούδα

رڇ

καμήλα

اٺ

στρουθοκάμηλος

شتر مرغ

λιοντάρι

شينهن

πίθηκος

پولڙو

φλαμίνγκο

فليمنگو

παπαγάλος

طوطو

πολική αρκούδα

برفاني رڇ

πιγκουίνος

كبوتر

καρχαρίας

شارك

παγώνι

مور

φίδι

نانگ

κροκόδειλος

واڱون

φύλακας ζωολογικού κήπου

چڙيا گھر جو محافظ

φώκια

گرج مڇي

τζάγκουαρ

چيتو

ζωολογικός κήπος - چڙيا گھر

πόνυ

ٹٹّون

λεοπάρδαλη

چيتو

ιπποπόταμος

درياني گهوړو

καμηλοπάρδαλη

چزراف

αετός

باز

αγριογούρουνο

سوئر

ψάρι

مچي

χελώνα

كمي

θαλάσσιος ίππος

ساموندي گهوړو

αλεπού

لومړي

γαζέλα

هرڼ

Αμερικάνικο ποδόσφαιρο
أمريكن فوټبال

ποδηλασία
سائکلنگ

αντισφαίριση
ټینس

μπάσκετ
باسکټ بال

κολύμβηση
تیراکي

πυγχαμία
باکسنگ

χόκεϋ επί πάγου
آئس هاکي

ποδόσφαιρο
فوټبال

μπάντμιντον
بیندمنټن

στίβος
ایتهلیټکس

χάντμπολ
هینډ بال

σκι
اسکیینگ

πόλο
پولو

δραστηριότητες

سرگرمیوں

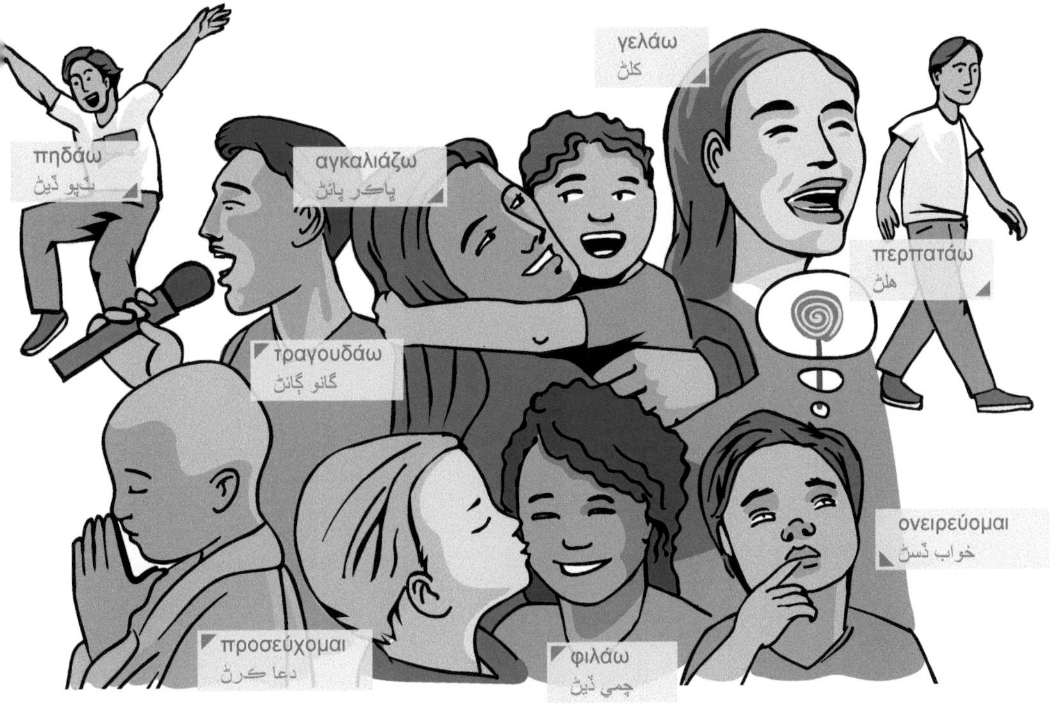

πηδάω
ٹپو ڈیݨ
αγκαλιάζω
پاکر پاݨ
γελάω
کلݨ
περπατάω
ہلݨ
τραγουδάω
گانو ڳاݨ
ονειρεύομαι
خواب ڈسݨ
προσεύχομαι
دعا کرݨ
φιλάω
چمي ڈیݨ

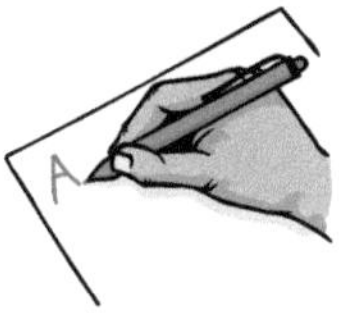

γράφω

لکݨ

σχεδιάζω

تصویر کشي کرݨ

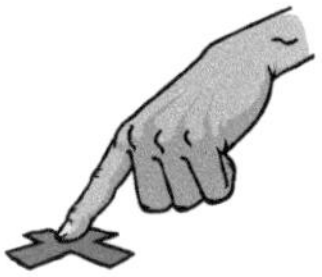

δείχνω

ڈیکارݨ

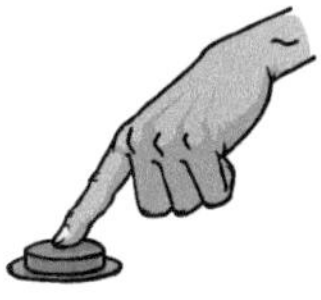

πιέζω

ڈکو ڈیݨ

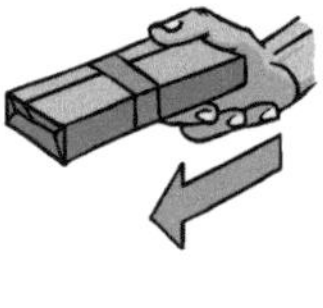

δίνω

ڈیݨ

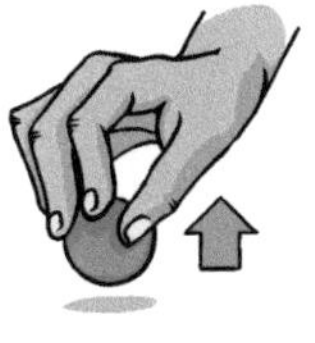

παίρνω

وٹݨ

έχω

رکھن

κάνω

کرن

είμαι

ٹین

στέκομαι

بیهن

τρέχω

پجھ

τραβάω

چکن

ρίχνω

اچلانٹ

πέφτω

کرن

ξαπλώνω

کوز ڳالھانٹ

περιμένω

انتظار کرن

κουβαλώ

کٹّي وجن

κάθομαι

ویهٹ

φοράω

تیار ٹین

κοιμάμαι

سمنهٹ

ξυπνάω

جاڳٹ

κοιτάω

تَسٹ

κλαίω

رونڈ

χαϊδεύω

ڈک ہٹڈ

χτενίζω

کنگي کرڈ

μιλάω

گالهاڈ

καταλαβαίνω

سمجهڈ

ρωτάω

پچُڈ

ακούω

ٻڈ

πίνω

پيڈ

τρώω

کاڈ

συγυρίζω

صاف کرڈ

αγαπάω

پيار کرڈ

μαγειρεύω

پچاڈ

οδηγώ

گاڈي هلاڈ

πετάω

اڈرڈ

κάνω ιστιοπλοΐα

بحري سفر کرنا

υπολογίζω

حساب کرنا

διαβάζω

پڑھنا

μαθαίνω

سکھنا

δουλεύω

کم کرنا

παντρεύομαι

شادي کرنا

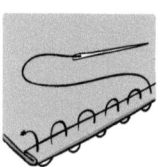

ράβω

سینا

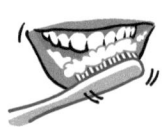

βουρτσίζω τα δόντια

ڈنٹن کی برش کرنا

σκοτώνω

قتل کرنا

καπνίζω

سگریٹ پینا

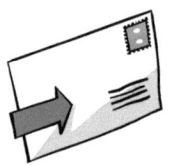

στέλνω

موکلنا

γιαγιά
ڏاڏي يا ناني
παππούς
ڏاڏو يا نانو
πατέρας
پيءُ
μητέρα
ماءُ
μωρό
ٻار
κόρη
ڌي
γιος
پٽ

καλεσμένος
مهمان

θεία
چاچي

θείος
چاچو

αδελφός
ڀاءُ

αδελφή
ڀيڻ

σώμα
جسم

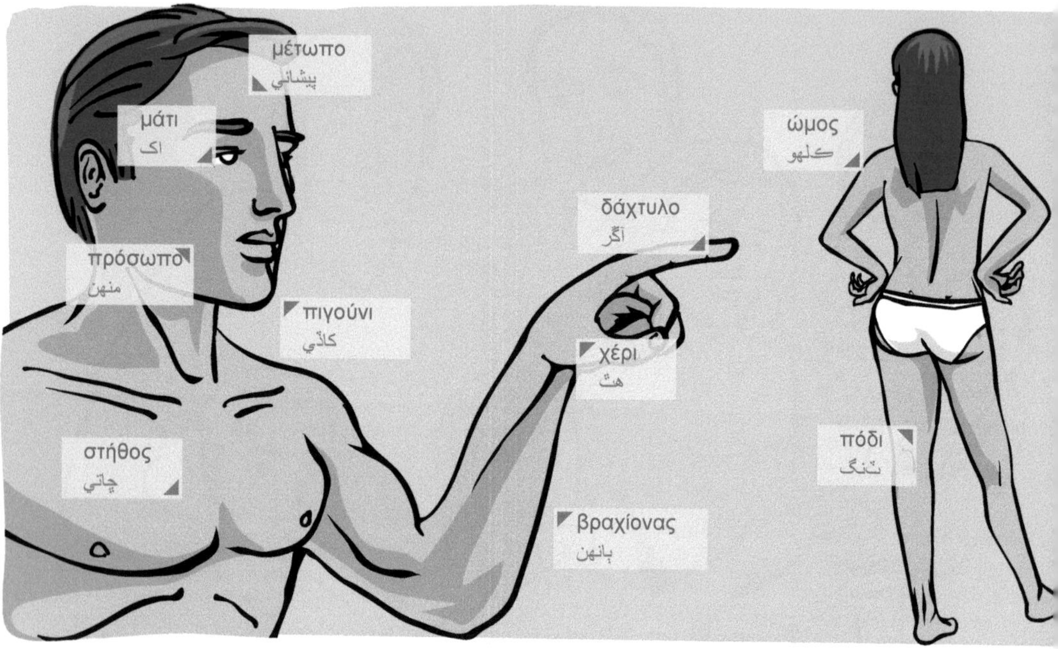

μέτωπο
پیشانی

μάτι
اک

ώμος
کلهو

πρόσωπο
منهن

δάχτυλο
آگر

πιγούνι
کانّي

χέρι
هٿ

στήθος
ڇاتي

πόδι
ٽنگ

βραχίονας
ٻانهن

μωρό

ٻار

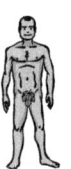

άνδρας

ماڻهون

γυναίκα

عورت

κορίτσι

ڇوڪري

αγόρι

ڇوڪرو

κεφάλι

مٿو

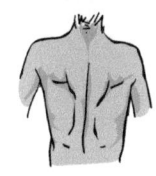

πλάτη

پښۍ

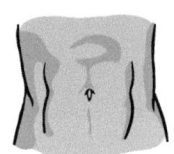

κοιλιά

پېټ

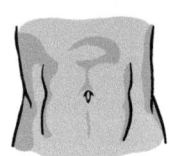

αφαλός

دن

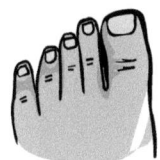

δάχτυλο ποδιού

پير جو اگونو

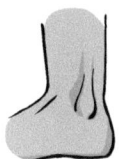

φτέρνα

کڙي

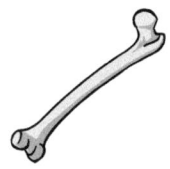

κόκκαλο

هڏي

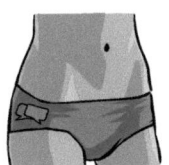

γοφός

ٻنڊڻ

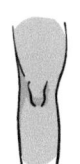

γόνατο

گوڏو

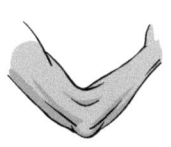

αγκώνας

ٻونٺ

μύτη

نڪ

γλουτός

هيٺيون حصو

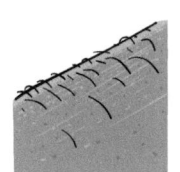

δέρμα

کل

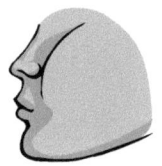

μάγουλο

ڳل

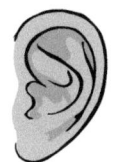

αυτί

ڪن

χείλος

چپ

στόμα

وات

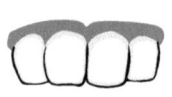

δόντι

ڈنٹ

γλώσσα

زبان

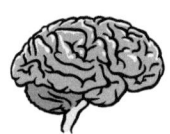

εγκέφαλος

دماغ

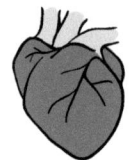

καρδιά

دل

μυς

ٹورو

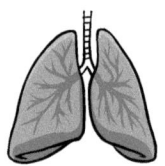

πνεύμονας

قﻘﺮ

συκώτι

جگر

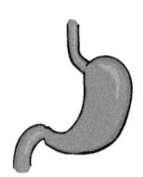

στομάχι

معدو

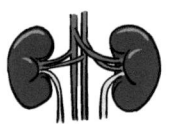

νεφρά

گردا

σεξουαλική επαφή

جماع کرڻ

προφυλακτικό

کنڈوم

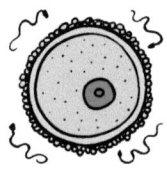

ωάριο

بیضہ

σπέρμα

مني

εγκυμοσύνη

حمل

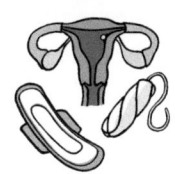

περίοδος
....
حيض

γυναικείος κόλπος
....
ﭙﭽﭙﺪﺍﻧﻲ ﺟﻲ ﻧﺎﻟﻲ

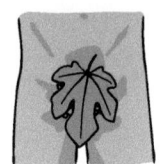

πέος
....
ﻣﺮﺩﺍﻧﻮ ﻣﺨﺼﻮﺹ ﻋﻀﻮﻭ

φρύδι
....
ﭘﺮﻭﻥ

μαλλιά
....
ﻭﺍﺭ

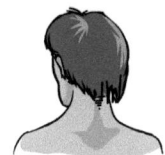

λαιμός
....
ﮔﭽﻲ

νοσοκομείο

اسپتال

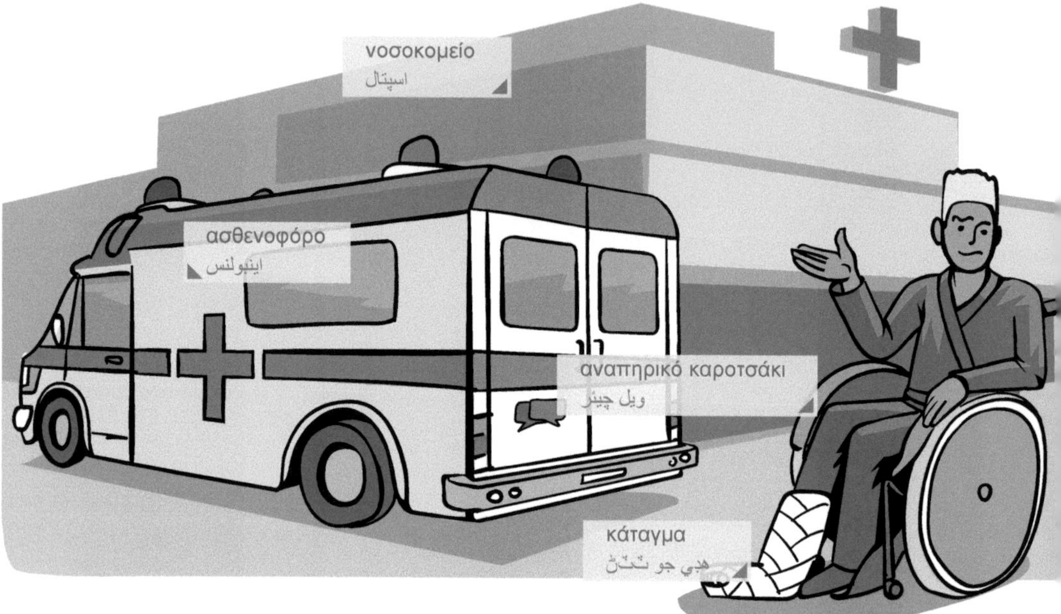

νοσοκομείο
اسپتال
ασθενοφόρο
اينبولنس
αναπηρικό καροτσάκι
ويل چيئر
κάταγμα
هڏي جو ٽٽڻ

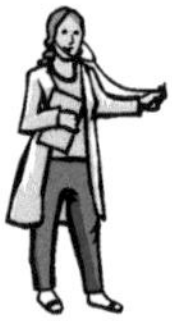

γιατρός

ڊاڪٽر

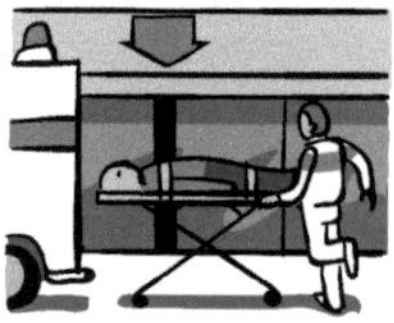

μονάδα εντατικής θεραπείας

هنگامي ڪمرو

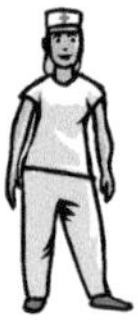

νοσοκόμα

نرس

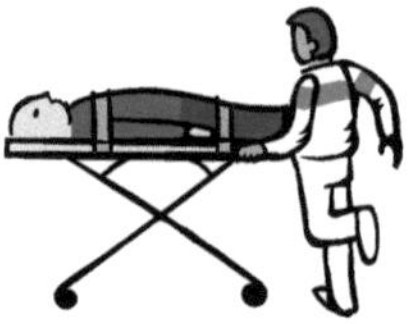

έκτακτη ανάγκη

ايڪسري

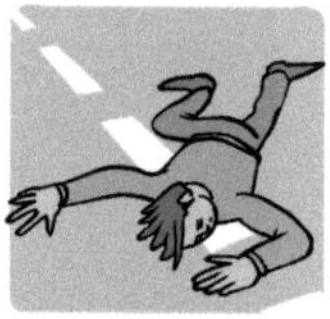

λιπόθυμος

بيهوش

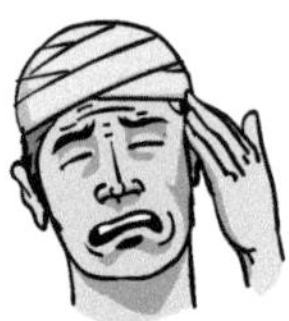

πόνος

سور

τραύμα

زخم

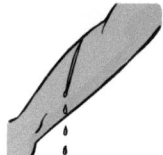

αιμορραγία

رت وهڻ

έμφραγμα

دل جو دورو

εγκεφαλικό

فالج

αλλεργία

الرجي

βήχας

كنگهه

πυρετός

بخار

γρίπη

زكام

διάρροια

دست

πονοκέφαλος

مٿي جو سور

καρκίνος

كينسر

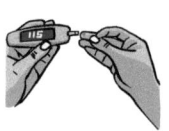

διαβήτης

ذيابيطس

χειρουργός

سرجن

νυστέρι

جراحي بليڊ

εγχείρηση

آپريشن

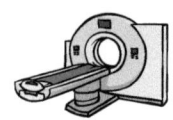

αξονική τομογραφία

سي ٽي

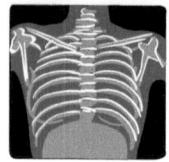

ακτινογραφία

ايكسري

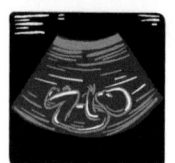

υπέρηχος

الٹراساؤنڈ

μάσκα

منهن جي ماسڪ

ασθένεια

بيماري

αίθουσα αναμονής

انتظار ڪرڻ جو ڪمرو

πατερίτσα

بيساکهي

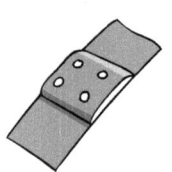

χάνσαπλαστ

پالاسٽر

επίδεσμος

پٽي

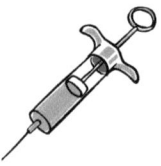

ένεση

انجيڪشن

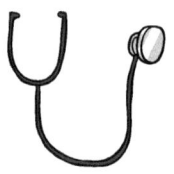

στηθοσκόπιο

اسٽيٿهوسڪوپ

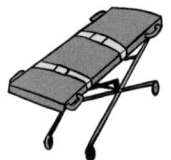

φορείο

اسٽريچر

θερμόμετρο

ٿرماميٽر

γέννηση

پيدائش

υπέρβαρο

موٽاپو

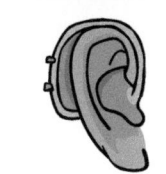

ακουστικό βαρηκοΐας

ﮨﯿﺂﺭﻧﮓ ﻭﺍﺭﻯ ﮈﯾﻮﺍﺋﺲ

αντισηπτικό

جراثیم کش

λοίμωξη

انفیکشن

ιός

وائرس

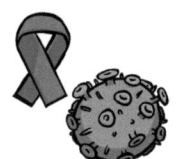

HIV/AIDS

ایچ آئ وی / ایڈز

φάρμακο

دوا

εμβολιασμός

ویکسینیشن

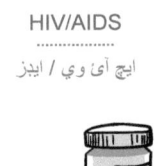

δισκία

ٹکی

χάπι

گولی

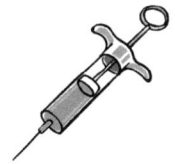

κλήση έκτακτης ανάγκης

ہنگامی کال

πιεσόμετρο αίματος

بلڈ پریشر مانیٹر

άρρωστος / υγιής

بیمار / صحت

Βοήθεια!

مدد

συναγερμός

الارم

βιαιοπραγία

جسماني حملو كرڻ

επίθεση

حملو كرڻ

κίνδυνος

خطره

έξοδος κινδύνου

هنگامي حالت ۾ نڪرڻ جو رستو

Φωτιά!

باھ

πυροσβεστήρας

باھ وسائڻ جو اوزار

ατύχημα

حادثو

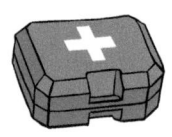

κουτί πρώτων βοηθειών

ابتدائي طبي امداد

SOS

ايس او ايس

αστυνομία

پوليس

Ευρώπη

يورپ

Βόρεια Αμερική

اتر أمريكا

Νότια Αμερική

ڈکڻ أمريكا

Αφρική

أفريقا

Ασία

ايشيا

Αυστραλία

أستّريليا

Ατλαντικός Ωκεανός

اٹلانٹک

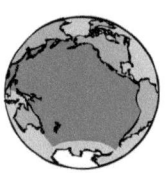

Ειρηνικός Ωκεανός

پيسفڪ

Ινδικός Ωκεανός

بحر هند

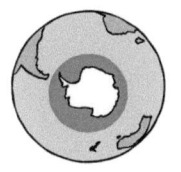

Ανταρκτικός Ωκεανός

انٹّارکٹّک سمندِ

Αρκτικός Ωκεανός

آرکٹّک سمندِ

Βόρειος Πόλος

اتر قطب

Νότιος Πόλος

ڈکڑ قطب

Ανταρκτική

انٹارکٹیکا

Γη

زمین

γη

زمین

θάλασσα

سمندر

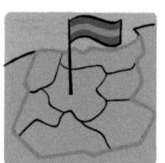

νησί

جزیرو

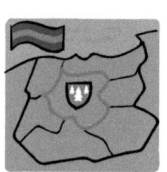

έθνος

قوم

πολιτεία

ریاست

κανδράν ρολογιού

گھڙي جو سامھون حصو

ωροδείκτης

كلاك واري سوني

λεπτοδείκτης

منٽ واري سوني

δείκτης δευτερολέπτων

سيڪنڊن واري سوني

Τι ώρα είναι;

ٽائم گھٽو ٿيو آهي؟

ημέρα

ڏينهن

χρόνος

وقت

τώρα

هاڻي

ψηφιακό ρολόι

ڊجيٽل گھڙي

λεπτό

منٽ

ώρα

كلاك

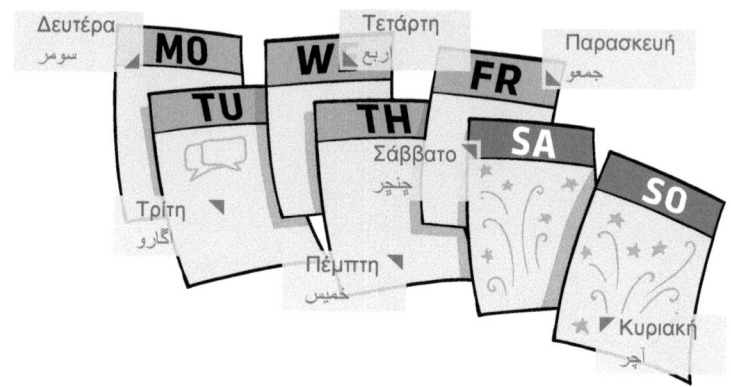

Δευτέρα — سومر — MO

Τετάρτη — اربع — W

Παρασκευή — جمعو — FR

Τρίτη — اگارو — TU

Σάββατο — چنڃر — TH — SA

Πέμπτη — خميس

Κυριακή — آچر — SO

χθες

كله

σήμερα

اڃ

αύριο

سيٻاٹي

πρωί

صبح

μεσημέρι

منجهند

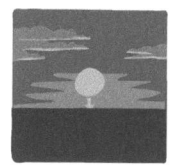

βράδυ

شام

MO	TU	WE	TH	FR	SA	SU
1	2	3	4	5	6	7
8	9	10	11	12	13	14
15	16	17	18	19	20	21
22	23	24	25	26	27	28
29	30	31	1	2	3	4

εργάσιμες ημέρες

كاروباري ڏينهن

MO	TU	WE	TH	FR	SA	SU
1	2	3	4	5	6	7
8	9	10	11	12	13	14
15	16	17	18	19	20	21
22	23	24	25	26	27	28
29	30	31	1	2	3	4

Σαββατοκύριακο

هفتي جو آخر

έτος

سال

βροχή
برسات
ουράνιο τόξο
انڊلٺ
χιόνι
برف
άνεμος
هوا
άνοιξη
بهار
φθινόπωρο
خزان
καλοκαίρι
گرمي جي موسم
χειμώνας
سردي جي موسم

4.APRIL 11°
5.APRIL 4°
6.APRIL 13°
7.APRIL 8°
8.APRIL 10°

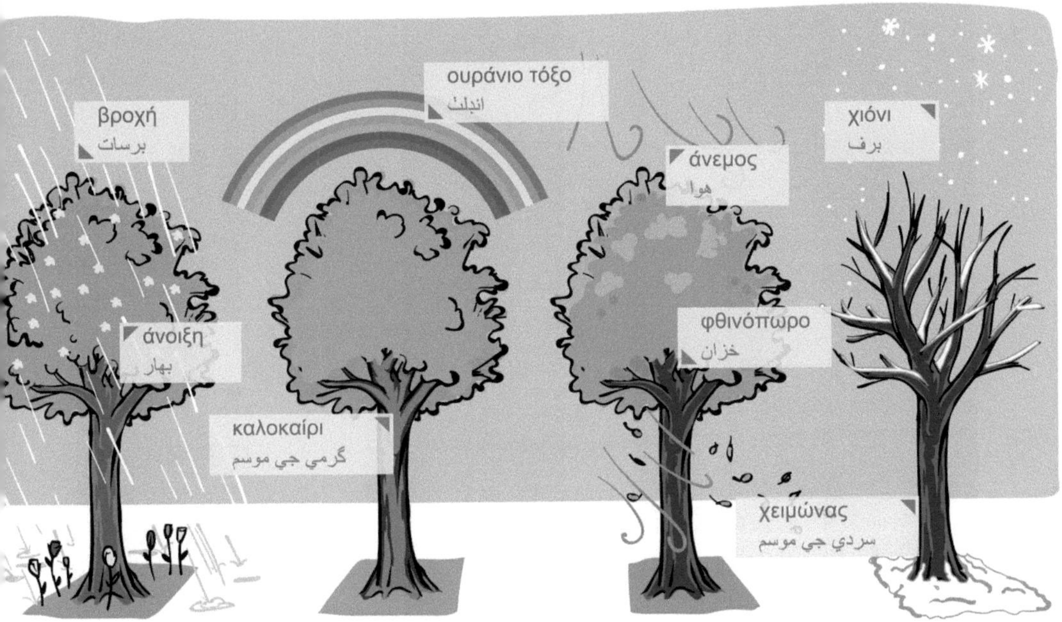

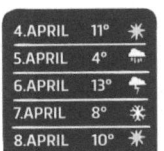

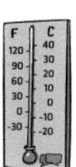

πρόγνωση καιρού

موسم جي پيشنگوهي

F C

θερμόμετρο

ٿرماميٽر

λιακάδα

اُس

σύννεφο

بادل

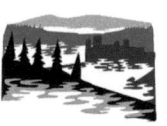

ομίχλη

ڌنڌ

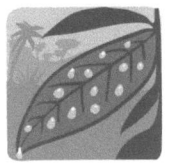

υγρασία

نمي

αστραπή

آسماني بجلي

κεραυνός

ٹرماميٹر

καταιγίδα

طوفان

χαλάζι

ڳڙڙ جو مينهن

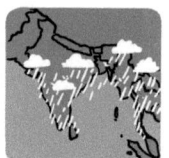

μουσώνας

مون سون

πλημμύρα

ٻوڏ

πάγος

برف

Ιανουάριος

جنوري

Φεβρουάριος

فيبروري

Μάρτιος

مارچ

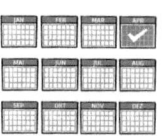

Απρίλιος

اپريل

Μάιος

مئي

Ιούνιος

جون

Ιούλιος

جولاني

Αύγουστος

آگسٽ

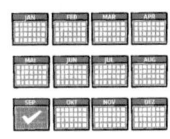

Σεπτέμβριος

سپتمبر

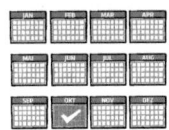

Οκτώβριος

آکتوبر

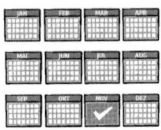

Νοέμβριος

نومبر

Δεκέμβριος

دسمبر

σχήματα

شکلون

κύκλος

دائرو

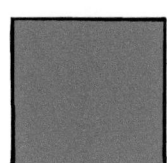

τετράγωνο

چکور

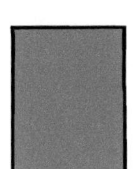

ορθογώνιο
παραλληλόγραμμο

مستطيل

τρίγωνο

ٽڪنڊي

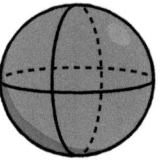

σφαίρα

ڪره

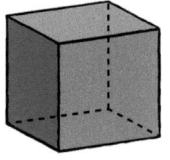

κύβος

ڪعب

άσπρο

اچو

κίτρινο

پيلو

πορτοκαλί

نارنجي

ροζ

گلابي

κόκκινο

گاڑهو

μωβ

جامني

μπλε

نيرو

πράσινο

سائو

καφέ

ناسي

γκρι

پورو

μαύρο

كارو

πολύ / λίγο

گهڻو / ٿورو

θυμωμένος / ήρεμος

ناراض / پر سکون

όμορφος / άσχημος

خوبصورت / بدصورت

αρχή / τέλος

شروعات / ختم

μεγάλος / μικρός

وڏو / ننڍو

φωτεινός / σκοτεινός

روشني / اونده

αδελφός / αδελφή

ڀاءُ / ڀيڻ

καθαρός / λερωμένος

صاف / خراب

πλήρης / ατελής

مڪمل / نا مڪمل

ημέρα / νύχτα

ڏينهن / رات

νεκρός / ζωντανός

مرده / زنده

φαρδύς / στενός

ويڪرو / تنگ

βρώσιμος / μη βρώσιμος

كائڻ قابل نه هجڻ / كائڻ جي قابل هجن

κακός / ευγενικός

برو / سٺو

ενθουσιασμένος /
βαριεστημένος

پرجوش / بوريت جوشكار

παχύς / λεπτός

موٽو / پتلو

πρώτος / τελευταίος

پهريون / آخري

φίλος / εχθρός

دوست / دشمن

γεμάτος / άδειος

ڀريل / خالي

σκληρός / μαλακός

سخت / نرم

βαρύς / ελαφρύς

ڳورو / هلڪو

πείνα / δίψα

بک / اڃ

άρρωστος / υγιής

بيمار / صحت

παράνομος / νόμιμος

غيرقانون / قانوني

έξυπνος / χαζός

عقلمند / بيوقوف

αριστερός / δεξιός

ستو / اٻو

κοντινός / μακρινός

ويجهي / پري

καινούριος /
μεταχειρισμένος

ننون / استعمال ٹئیل

τίποτα / κάτι

کجه به نه / کجه

γέρος | νέος

پوړهو / نوجوان

αναμμένος / σβηστός

آن / آف

ανοιχτός / κλειστός

کلیل / بند

χαμηλόφωνος /
μεγαλόφωνος

خاموش / بلند آواز سان

πλούσιος / φτωχός

امیر / غریب

σωστός / λανθασμένος

صحیح / غلط

τραχύς / λείος

کهورو / لسو

λυπημένος / χαρούμενος

غمگین / خوش

κοντός / μακρύς

مختصر / بگهو

αργός / γρήγορος

آهسته / تیز

υγρός / στεγνός

آلو / سکل

ζεστός / δροσερός

گرم / ٹنڈو

πόλεμος / ειρήνη

جنگ / امن

0	**1**	**2**
μηδέν	ένα	δύο
زيرو	هک	به

3	**4**	**5**
τρία	τέσσερα	πέντε
ڼی	چار	پنج

6	**7**	**8**
έξι	εφτά	οκτώ
چه	ست	اٹ

9	**10**	**11**
εννιά	δέκα	έντεκα
نۆ	ڼه	يارهن

12

δώδεκα

بارهن

13

δεκατρία

تيرهن

14

δεκατέσσερα

چوڈهن

15

δεκαπέντε

پندرهن

16

δεκαέξι

سورهن

17

δεκαεφτά

سترهن

18

δεκαοκτώ

ارڙهن

19

δεκαεννέα

اوٹھويه

20

είκοσι

ويه

100

εκατό

سو

1.000

χίλια

هزار

1.000.000

εκατομμύριο

ڏه لک

Αγγλικά

انگريزي

Αμερικάνικα Αγγλικά

آمريكي انگريزي

Μανδαρίνικα Κινέζικα

چيني مينبارن

Χίντι

هندي

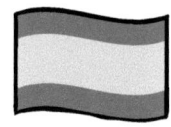

Ισπανικά

اندلسي بولي

Γαλλικά

فرانسيسي

Αραβικά

عربي

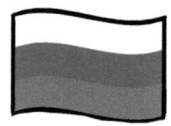

Ρώσικα

روسي

Πορτογαλικά

پرتگالي

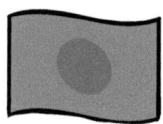

Μπενγκάλι

بنگالي

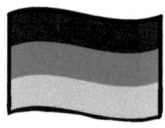

Γερμανικά

جرمن

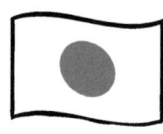

Ιαπωνικά

جاپاني

εγώ

مان

εσύ

تون

αυτός / αυτή / αυτό

هي چوكري/ هي چوكرو / هو

εμείς

أسان

εσείς

تون

αυτοί / αυτές / αυτά

هو

ποιος / ποια / ποιο;

كير؟

τι;

چا؟

πώς;

كينن

πού;

كٿي؟

πότε;

كڏنهن؟

όνομα

نالو

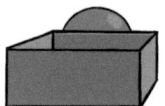

πίσω

پويان

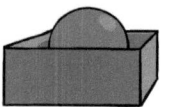

μέσα

μπροστά

جي سامهون

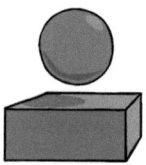

πάνω από

مَتي

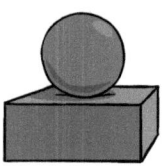

πάνω

تي

κάτω

هيٺ

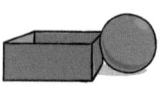

δίπλα

ڳ

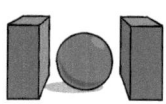

ανάμεσα

رٻ چ ۾

μέρος

جڳه